스스로
뒤집는
붕어빵

수능 만점
김지명의
혼공의 기술

스스로
뒤집는
붕어빵

김지명 지음

메가스터디BOOKS

공부는 원래 혼자 하는 거니까요

나는 내가 수능 만점자로 출연한 뉴스와 방송을 거의 보지 않았다. 좀 민망하다고 할까. 엄마는 내 영상 찾아 보는 걸 좋아하시는데 그때마다 자리를 피했다. 그러다 대학생이 되어 유재석 님이 진행하는 TV 프로에 출연하게 됐는데, 오랜만에 방송에 나가서 그런지 그때는 나의 이야기가 사람들 눈에 어떻게 비칠지 좀 궁금했다. 그래서 유튜브에 올라온, 내가 출연한 방송 동영상에 달린 댓글들을 읽어보았다.

"지나가다 영상을 본 대학병원 혈액종양내과 간호사입니다. 항암 치료 하는 환자를 곁에서 지켜보면 고통이 글로 표현이 안 될 정도입니다. 그 와중에 열심히 공부하고 치료까지 잘 마쳐서 건

강한 성인이 되신 걸 진심으로 축하드립니다. 분명히 좋은 의사가 되실 거라고 생각해요. 앞날을 응원하겠습니다."

"고등학생으로서 공부하다가 지칠 때가 많은데 영상을 보고 큰 자극을 받았어요. 수능 만점까지 받진 못하더라도 열심히 공부해서 후회 없는 고등학교 시절을 보내도록 노력하겠습니다. 좋은 의사 선생님이 되시길 응원합니다."

"저보다 한참 어리지만 참으로 존경스럽습니다. 아픈 환자들의 마음까지 보듬는 좋은 의사가 되시길 기원합니다."

"아파본 사람이 아픈 사람 마음을 제일 잘 알지요. 훌륭한 의사가 되실 겁니다."

"건강하게 공부하고 일할 수 있는 것의 행복을 알게 해주셔서 감사합니다."

댓글을 하나하나 읽으며 가슴이 뭉클해졌다. 내 이야기가 누군가에게 감동과 힘을 준다는 사실에 기분이 묘해져서 한동안 컴퓨터 앞을 떠나지 못했다. 사실 책을 쓰기까지 많은 고민이 있었다. 이때 '나를 향한 따뜻한 응원에 조금이라도 보답하고 싶다' '내가 받은 사랑을 되돌려주고 싶다'는 마음이 나에게 책 쓸 용기를 내게 했다. 아직 미성숙하고 부족한 점이 많은 사람이지만, 공부에 대한 이야기라면 내 경험이 도움이 될 수 있지 않을까 하는 생각이 들었다.

난 여러 상황 때문에 초등학교 이후로는 학원에 다닌 적이 없다. 그러다 보니 '인강(인터넷 강의)'이 최고의 과외 선생님이었고 반 아이들과 같이 하는 야간자율학습이 가장 큰 자극제였다. 그리고 그 과정에서 혼자 공부하는 습관을 들인 것이 좋은 성적을 내는 데 가장 큰 도움이 되었다고 생각한다. 학원이나 인강은 결국 수단이고 내가 얼마나 시간을 들여 어떻게 소화를 하는지가 더 중요하다. 그러기 위해서는 나에게 맞는 학습법을 오롯이 혼자 찾는 과정이 필요하다.

많은 학생들이 공부를 어려운 대상으로 여긴다. 그래서 공부를 잘하고 싶으면서도 겁을 먹거나 어떻게 해야 할지 몰라서 힘들어하는 경우가 많다. 이 책에는 내가 어렸을 때부터 자기주도학습으로 '혼공(혼자 공부하기)'을 해온 과정과 후배들이 참고할 수 있는 과목별 학습 방법, 스스로 공부의 원동력을 찾고 그것을 자기 공부에 효과적으로 적용하는 방법 등이 담겨 있다. 그리고 공부가 어렵게 느껴지고 슬럼프에 빠져 있는 학생들에게 혼공 선배이자 힘든 병을 겪어낸 사람의 입장에서 하는 이야기도 담겨 있다. 흔한 위로나 격려가 아닌, '나는 이렇게 해왔다' 하는 진짜 이야기를 담고자 했는데, 그런 마음이 독자들에게 전달된다면 정말 기쁘겠다.

현우진 선생님이 이런 말을 했었다.

"얘들아, 붕어빵처럼 살면 안 돼. 누군가 와서 뒤집어주겠지 하는 생각으로 살면 다 타죽어."

나도 탄 붕어빵이 되지 않기 위해 나름대로 노력했다. 병에 끌려다니며 포기하지 말고 그 상황에서 내 자신을 위해 할 수 있는 최선을 다하자 다짐했고, 학원을 가지 못하는 상황도 오히려 나에게 맞는 공부법을 찾는 기회라 여기고 혼자 공부하는 습관을 만들려 애를 썼다. 그렇게 혼자 고민하고 노력한 시간들이 쌓여서 하나의 목표를 이룬 지금의 내가 되었다고 생각한다. 겁이 날 때도 있었고 속상할 때도 있었지만, 그보다는 하루하루의 작은 성취를 통해 스스로 조금씩 앞으로 나아가고 있음을 기억하려고 했다. 주어진 상황이 어렵고, 또 자기 자신이 잘해낼 수 있을지 회의가 드는 후배들에게 내 이야기가 조금이나마 위로를 얻고 희망을 갖는 데 도움이 되길 바란다.

돌아보면 난 참 많은 분의 응원과 사랑을 받았다. 그리고 그 속에서 건강을 되찾고 어엿한 성인이 되었다. 책을 쓰면서 내가 성장해온 과정을 되돌아보는 동안 어린 내가 굳건히 자라날 수 있도록 도와주신 많은 분들이 떠올랐다.

우선 엄마. 엄마는 내가 좋은 공부 습관을 형성할 수 있게 만들어준 일등공신이다. 또 내가 아플 때 가장 가까이에서 나를 돌보며 용기를 북돋아주신 분이다. 지금까지 나를 위해 해주신 모든 것들에 대해 감사드리며 정말 많이 사랑한다는 말씀을 드리고 싶다.

그리고 내가 백혈병을 조기 발견 할 수 있도록 도와주신 한솔병원 원장님과 나를 치료해주신 서울대병원의 교수님, 주치의 선생님, 간호사 선생님들, 그리고 내가 별 탈 없이 공부할 수 있도록 도와주신 학교 선생님들께 진심으로 감사드린다.

친구들에게도 고맙다. 낯을 가리는 성격에다 항암 치료로 머리가 빠져 위축되어 있던 나에게 먼저 다가와준 덕분에 힘든 수험 생활 속에서도 즐거운 추억을 만들며 웃음을 잃지 않을 수 있었다. 또한 지면의 한계상 모두 언급하지 못하지만 나를 응원하고 아껴주신 모든 분에게도 머리 숙여 감사드린다.

나는 오랫동안 하나의 꿈을 꾸었고 마침내 그 출발선에 섰다. 본과 1학년이 되어 맞이한 첫 해부학 실습 날, 수업을 시작하기 전 먼저 추도식을 진행했다. 나와 같은 예비 의사들이 공부할 수 있도록 시신을 기부해주신 분을 기리기 위함이다. 기증자께서 생전에 삐뚤삐뚤 손글씨로 쓰신 기증 서약서를 읽는데 가슴이 찡했다. '내 나이 58세'로 시작해 '최근 기증 시신이 부족해서 의대생들이 의학 실습에 어려움을 겪고 있다는 얘기에 시신 기증을 결정한다'라는 요지의 글이었다. 엄청 특별한 내용은 아니었지만 이런 마음으로 기증을 하셨고 내가 이제 그분의 몸으로 공부를 하는구나 생각하니 말로 형용하기 어려운 기분이 들었다. 그 숭고한 마음 덕분에 의사들은 인간의 몸에 대해 정확히 알게 되고, 덕분에 의학이 발전해 사람들이 건강하게 하고 싶은 일을 하며 살고 있다.

본격적인 병원 실습은 본과 3학년부터 한다. 그때 다시 서울대병원으로 간다면 기분이 어떨까. 얼마 전 진료 기록이 필요해서 서울대병원에 다녀왔는데, 안으로 들어서자 그곳에서의 일들이 머릿속을 스쳐 지나갔다. 백혈병 환자로 입원했던 내가 의대 실습을 위해 다시 이곳으로 돌아오게 될 것을 생각하니 새삼 신기한 생각이 들었다.

예과 1학년 때 진료를 받으러 서울대병원에 갔었는데 여전히 아는 얼굴들이 보였다. 간호사 선생님들은 훌쩍 큰 나를 알아보지 못하셨고, 내가 먼저 지명이라고 말씀드렸더니 굉장히 반가워하셨다. 나중에 가운을 입고 실습을 나가서 다시 만난다면 또 깜짝 놀라시겠지. 의사의 꿈을 키워주신 주치의 선생님도 다시 거기서 뵙게 된다면 정말 행복할 것 같다.

그날을 현실로 만들기 위해 나는 오늘도 열심히 공부하고 있다. 본과는 공부량이 엄청나다. 그래서 밤을 새우거나 늦게 자는 일이 많고, 이 때문에 바이오리듬이 깨져서 몸이 피곤하다. 또 수업을 마치고 개인적인 일을 보거나 친구들과 어울려 놀기라도 하면 다음 날 따라잡아야 할 공부량이 어마어마해지기 때문에 잠시도 마음을 놓을 수가 없다. 하지만 이제 시작이니 마음을 단단히 먹으려고 한다.

공부는 혼자 겪어내야 하는 과정임은 분명하지만, 그 과정을 겪고 있는 사람이 나 혼자는 절대 아니다. 나도 지금 함께 달리고 있다. 먼저 대입 과정을 거친 선배로서 수험생 여러분에게 진심으로 응원을 보내며, 내가 해냈듯 여러분도 자신의 꿈을 향해 나아갈 수 있다는 것을 꼭 믿길 바란다.

김지명

가장 놀라운 포스트 코로나 시대 공부법

현우진_메가스터디 수학강사

김지명 군이 〈대장금〉을 보던 네 살 때 중학교 2학년이었던 나는 중2병을 공부로 승화시키고 있었다. 당시 나에게 공부는 미지의 존재였고 난 지도도 장비도 없이 혼자 매일매일 고군분투했다. 중간·기말고사는 40일 전부터 꾸준히 준비하기 시작해서 20일 전부터는 폭발적으로 공부하며 대비했고, 평상시에는 수학과 과학에 매진하며 학년과 과목의 경계 없이 종합적으로 끊임없이 탐구하고 노력했다. 하루하루 외줄타기 하는 것처럼 불안했지만 그런 기분을 잊기 위해 더 전투적으로 필사적으로 공부에 매달렸다.

공부를 하다 힘이 들거나 다른 것을 하고 싶을 땐(원래 공부하려고 책상 앞에 앉으면 모든 상상력이 총동원되기 마련이므로) 원래 잘하던 영어를 더 다듬고 싶은 마음에 존 스타인벡의 《분노의 포도》를 천천히 곱씹어가며 노트에 빼곡히 필사하면서 문장들을 외우곤 했다. 어떤 공부건 언어와 구조의 이해가 우선이라고 생각했기에 그냥 읽어도 되었지만 고통스러운 길을 택하길 즐겼다. '나 같은' 선생님이 '나 같은' 학생을 효율적으로 가르쳐줬으면 하는 꿈도 있었지만 그때는 인강 따위는 없었다. 그냥 모든 것이 텍스트였고 〈서편제〉의 주인공처럼 득음하듯 공부해야만 했다.

이후 시대가 바뀌었고, 나는 대학생활의 절반 동안 학생들을 가르치며 자료 정리와 교수법 등을 가다듬게 되었다. 그 과정에서 내린 결론은 '이 세상에 쉬운 공부는 없지만 효과적인 공부는 반드시 있다'였다. 나는 철저하게 혼자 공부하고 탐구하는 스타일이었고 그기에 시간이 굉장히 많이 걸렸지만, 덕분에 더 종합적으로 깊게 알게 된 사실도 많다. 또 나 스스로 치열하게 공부해봤기에 학생들이 무엇을 모르고 헤매는지를 정확하게 파악할 수 있었다. 그렇지만 과연 내가 했던 공부 방법이 효율적이었나를 묻는다면 그에 대한 답은 '전혀 그렇지 않다'이다. 난 말 그대로 '독고다이'였고 그냥 남들보다 퍼포먼스와 이해도가 빨라 많은 양을 빠른 시간에 처리할 수 있었을 뿐, 보통의 관점에서 봤을 때는 아주 가학적이고 기이한 방법으로 공부를 한 경우다. 에센스보다 에브리띵, 산보다 나무와 숲속의 벌레들까지 살피는 공부였기에 지금의 직업에는 어울리지만 학습하는 학생의 관점에서는 영 꽝이다.

지명이와 나 사이에는 시간과 공간의 갭이 있지만 우리의 공부법에는 꽤나 닮은 부분이 많다. 다른 점이라면 지명이는 나보다 훨씬 더 효율적으로 공부했고, 거기에는 인강이라는 훌륭한 도구가 있었다는 점이다. 인강이 없었다면 아마 지명이도 나처럼 좌충우돌 고생하며 공부하지 않았을까. 우린 서로 아는 사이도 아니고 만나본 적도 없지만 지명이가 쓴 이 책을 읽으며 난 구구절절 공감하느라 바빴다. 지명이가 공부할 때 사용한 모든 방법이 마치 내가 했던 방식의 아주 잘 업데이트된 버전처럼 느껴졌다. 지명이의 공부법은 시대를 초월하여 월등히 앞서간 가장 현대적인 학습 방법이다. 사실 지명이 세대는 소위 말하는 현장 강의와 인터넷 강의 사이에서 갈등하는 과도기에 있었다. 이도저도 제대로 못하여 실패한 학생들이 많았고 정보와 자료의 홍수 속에서 선택을 못하고 시류에 이끌려 남이 하는 걸 나도 하다가, 혹은 남이 하지 않는 걸(남들이 하지 않는 것엔 반드시 이유가 있다.) 나만 하다 엉망진창이 되기도 했다. 지명이는 이 혼란 속에서 자신에게 맞는 방법을 영리하게 찾아낸 케이스인 것이다.

지명이가 2019학년도 수능 만점을 받은 뒤에 회사에서 나에게 지명이를 만나보는 게 어떻겠냐는 제의를 했으나 난 거절했다. 지명이에게 직접적으로 해준 것도 없을뿐더러, 지명이에게 영향이나 영감을 줄 정도로 내 자신이 특별한 인물은 아니라고 생각했기 때문이다. 그냥 지명이가 날 잘 선택한 것이고 나랑 잘 맞았던 게 아닐까 싶을 뿐이다. 이렇게나 영특한 친구에게 해줄 조언 따위는 애초에 없다. 본인의 미래는 누구보다 본인이 더 잘 알 것이다.(영특한 친구들이 가끔 완벽한 타인에게 그 가는 길을 확인 받고 싶은 욕망이 있음은 알지만 말이다.) 지명이는 무엇을 하든 최고가 될 것이고 앞으로도 남들이 가지 않은 길을 개척할 것이라 믿는다.

포스트 코로나 시대의 핵심은 자기관리(self-control)임이 확실하다. 지명이는 본인에게 주어진 어려운 상황에 순응하기보다 그 틀을 깨고 완벽한 자기관리로 저 영예에 올랐다. 뿐만 아니라 시대를 앞서 가장 포스트 코로나 시대답게 공부한 표본이기도 하다. 그저 그 영특함이 놀랍고 기특할 따름이다.

스스로
뒤집는
붕어빵

🌱 차례

① '혼공' 어쩌다 우연히, 그러나 필연적으로

‘인강’은 최고의
과외 선생님

3 혼공을 성과로 연결한 나의 공부 마인드

4

수능 빌드업을 위한 과목별 혼공 노하우

5 수능 만점을 만든 나의 고3 활용법

6 수능, 그리고 그 이후의 이야기

나의 키워드

'백혈병' '수능 만점자' '서울대 의예과 정시 수석 입학' '자기주도학습 끝판왕'

예과 2학년 여름방학 끝 무렵, 학과 행정실에서 연락이 왔다. 방송국에서 내 연락처를 물어보는데 알려줘도 되겠냐는 거였다. 나는 TV를 잘 보지 않아서 출연 요청이 온 〈유 퀴즈 온 더 블럭〉이란 프로그램이 뭔지 몰랐다. 검색을 해보니 유재석 님이 진행하는 방송이었다. 더 생각할 것도 없이 출연을 결심했다.

녹화 당일, 현장의 긴장감은 팬심만으로 극복하기 쉽지 않았다. 다른 출연자들이 녹화하는 모습을 구경하며 차례를 기다리는데 목이 자꾸만 탔다. 낯을 가리는 성격이라 말을 재미있게 할 수 있을지도 걱정되었다. 작가님에게 걱정을 털어놓자 "무슨 말이든 편하게 하세요. 편집은 저희가 잘 해드릴게요" 하셨다. 두근대는 심장을 부여잡고 있는데 이윽고 녹화가 시작됐다.

내가 출연한 회차의 타이틀은 '문과 VS 이과'였고, 나는 2019년 수능 만점자이자 이과 대표였다. 문과 대표는 2018년 수능 만점자로 같은 학교 분이었다. 우리는 서로를 수능 만점자로 언론을 통해 본 적은 있었지만 직접 만난 것은 그날이 처음이었다.

MC인 유재석 님과 조세호 님의 탁월한 진행과 훈훈한 현장 분위기 덕에 나도 점점 긴장이 풀렸다. 문·이과 수능 만점자 두 사람이 출연한 만큼 질문의 초점이 수능에 맞춰졌다. MC들께서 내게 만점을 받을 수 있었던 이유를 물었는데 나는 "운이 좋아서"라고 대답했다. 겸손이 아니라 정말 그랬다. 3교시까진 그래도 잘 봤다는 확신이 있었는데 4교시가 고비였다. 생명과학Ⅱ에서 시간이 부족해서 한 문제는 풀다가 아리송한 상태로 답을 골랐고, 다른 한 문제는 다섯 개 보기 중에서 아무거나 찍었는데 둘 다 맞았던 것이다.

수능 만점자로 장학금을 받은 일, 선덕고 최초 수능 만점자로서 학교에 플래카드가 걸린 일, 엄마가 운영하는 추어탕집에서 나의 수능 만점을 기념해 특별 할인 행사를 한 일 등에 관해 이야기를 나누다 보니 그때 기억이 새삼 떠올랐다.

"의대에 진학한 이유가 뭔가요?"

유재석 님이 물어보셨다. 나는 3년 동안 백혈병을 앓은 일을 계기로 의사가 되기로 결심했다고 대답했다. 당시 주치의 선생님은 나의 병뿐 아니라 두려움도 함께 치료해주셨고, 그런 선생님을 보며 나도 환자의 마음까지 돌보는 의사가 되고 싶다는 꿈을 갖게 되었다. 그리고 노력 끝에 서울대 의예과에 입학했다.

개인 촬영을 할 때는 아팠던 시기에 관한 질문을 받았다. 나는 처음 진단받고 느꼈던 두려움과 힘든 치료 과정에 관해 얘기했다. 그러고 보면 나는 백혈병으로 인해 오히려 많은 이들의 애정 어린 관심을 받았다. '불수능'이라고 불린 2019학년도 수능은 나 말고도 만점자가 더 있었다. 그중 내가 유독 스포트라이트를 받았던 것은 병을 이겨낸 사연 때문이었을 것이다. 나를 다룬 기사에는 어김없이 '백혈병을 이긴 수능 만점자'라는 수식어가 붙었다.

'백혈병을 이긴 수능 만점자' '서울대 의예과 정시 수석 입학'.

이런 수식어들은 나를 대단한 사람처럼 보이게 한다. 그러나 어떤 타이틀도 영원하지 않다. 대학에 입학한 이후의 나는 1등도 아닐뿐더러 쟁쟁한 동기들 사이에서 오히려 평범한 축에 속한다고 생각한다. 그러나 여러 매체와 인터뷰를 하던 고3 막바지 땐 조금 우쭐했던 게 사실이다.

나의 사연을 아는 사람들은 많은 것을 궁금해했다.

"병을 앓고 있는 와중에도 공부를 잘했다니 의지가 대단하네요."

"학교 수업과 인강만으로 서울대에 갈 수 있었던 특별한 비결이 있나요?"

"원래 머리가 좋으신가요?"

또 과목별로 어떻게 공부했는지, 학년별로 어떤 준비를 했는지, 좌우명은 무엇인지, 음악을 들으며 공부했는지, 잠은 얼마나 잤는지 등에 대한 질문도 받았다. 나는 모든 질문에 최선을 다해 대답했다. 하지만 지금 생각해보면 내 대답이 큰 도움이 되었을 것 같지 않다. 디테일한 공부 방법은 자기 수준과 성향에 따라 천차만별일 수밖에 없으니 말이다. 그보다는 혼자 공부할 수 있는 힘을 기르는 일의 중요성에 대해 이야기하는 게 더 필요하지 않았을까 싶다. 공부에는 왕도가 없다지만 확실한 길은 있다고 생각한다. 바로 '혼공'을 하는 것이다.

혼공이란 무엇일까. 단순히 혼자 공부하는 것을 말하는 걸까. 그렇다면 요즘 학생들은 매일 혼공을 하고 있다. 코로나로 인해 비대면 학습이 일상이 되면서 학교에 가는 것보다 집에서 혼자 공부하는 날이 더 많아졌으니 말이다. 하지만 진정한 혼공이란 단순히 물리적 상황만을 이야기하는 것이 아니다. 누가 시켜서 하는 것이 아닌, 스스로 흥미와 의지를 가지고 공부하는 것이 진정한 혼공이라고 생각한다. 제대로 공부하기 위해서는 자신에게 맞는 학습법을 오롯이 혼자 찾아야 한다. 이러한 혼공 마인드를 갖췄을 때 공부의 힘은 폭발적으로 성장한다.

치열한 입시 경쟁 속에서 학생들이 공부하는 이유는 좋은 성적을 얻어 원하는 대학을 가는 것으로 한정된다. 그렇게 오직 대학이 목표가 될 때 공부는 어렵고 힘든 것, 하기 싫은 것이 된다. 많은 학생들이 부모님과 선생님의 관리하에 공부하고 있다. 그러다 보니 자기주도적으로 공부할 기회를 아예 갖지 못하는 것이 아닌가 하는 생각도 든다.

진짜 혼자 공부하는 힘이 생기려면 우선 원동력이 필요하다. 그중 하나가 성취감이다. 나는 공부할 때 늘 스스로 작은 성취감을 느끼려고 했다. '어제 풀리지 않던 문제가 오늘은 풀리는구나!' '오늘은 더 빠른 시간 안에 문제를 풀었어' '이만큼 공부한 것을 기록해둬야지' 등 어제보다 조금 더 발전한 모습을 스스로 되새기며 거기에서 즐거움을 느꼈다.

거창한 목표를 세울 필요는 없다. 어제보다 한 뼘이라도 더 성장한 것만으로 충분하다. '뿌듯하다'라는 감정만큼 나를 기분 좋게 하는 건 없다. 이 뿌듯한 성취감을 습관처럼 기억하고 성취를 기록한 것이 나를 힘든 수험 생활 동안 혼자서도 지치지 않고 공부할 수 있게 이끌어주었다. 만약 '재미'라는 감정으로 공부를 시작할 수 있다면 당연히 공부의 성취도는 크게 높아질 것이다. 하지만 꼭 재미가 아니라도 좋다. 해야 하기 때문에 할 수 없이 시작한 공부라도 성취감을 느낄 기회가 생긴다면 그때부터 공부는 조금씩 다른 의미로 다가올 것이기 때문이다.

예전에 내게 공부법을 물어본 분들에게 지금 다시 대답할 기회가 생긴다면 성취감, 기본기, 반복, 절제와 같은 공부의 원동력에 대해 먼저 이야기할 것이다. 디테일한 과목별 공부 방법보다 중요한 것은 마음가짐과 태도이기 때문이다. 공부는 어차피 나를 위한 것이며, 또 혼자 하는 게 당연하다는 생각을 갖는다면 내 생활과 공부에 책임감을 느끼며 하루를 관리하게 될 거라 생각한다. 가끔 유혹에 빠져서 공부에 소홀해질 수도 있지만 머지않아 스스로 제자리로 돌아올 것이다.

이제부터 내가 하려는 이야기는 예전에 공부에 대해 받았던 질문들에 다시 제대로 하는 대답이다. 나를 내보인다는 게 아직은 어색한 것이 사실이다. 그러나 진심이 담긴 눈으로 질문하던 후배들, 자녀의 공부를 걱정하던 부모님들의 마음을 기억하며 최선을 다해 이야기해보려고 한다. 누군가에게 나의 이야기가 공부에 관한 생각과 마음가짐을 새롭게 하는 계기가 된다면 진심으로 기쁠 것 같다.

본격적인 이야기를 시작하기 전에 방송을 본 이야기부터 마무리해야겠다.

〈유 퀴즈 온 더 블럭〉이 방송되는 동안 친구들에게 "너 낯설다" "왜 얌전한 척하고 있냐" "어떻게 그 문제를 못 맞혔냐" 등 계속 메시지가 왔다. 친한 사람들 앞에선 말도 많고 밝은 편이라 방송 속 내 모습이 낯설었던 모양이다.

그리고 나는 퀴즈의 답을 정말 몰랐다. 녹화 가기 전에 원래 습관대로 전 회차들을 찾아 '기출문제'를 열심히 풀어보기까지 했는데 말이다. 모르는 문제가 나와 보기 좋게 틀렸지만 상금 대신 뽑은 선물이 무척 마음에 들어 기분이 좋았다.

"국민 MC와 투샷도 잡히고 영광이네."

엄마도 재미있게 보신 눈치였다. 내가 출연한 다른 방송들처럼 이것도 여러 번 돌려보실 것 같다. 방송이 끝나자 그제야 긴장이 풀렸다. 녹화 때 너무 긴장했던 것 같아 어떻게 나올까 조마조마했는데 걱정한 것만큼 어색하게 나오지 않아서 다행이었다.

스스로
뒤집는
붕어빵

1

'혼공' 어쩌다 우연히,
그러나
필연적으로

엄마는 내가 초등학생일 때 이런 말씀을 하시곤 했다.

"엄마는 추어탕 팔아서 돈을 벌지만 네 직업은 뭐니? 학생이야.

학생은 학교 가서 교육받고 공부하는 게 직업이야.

절대 세상에 공짜는 없어.

뭐든지 사고 싶은 게 있으면 엄마한테 공짜로 사달라고 하지 마.

그걸 받고 싶으면 너도 엄마한테 뭔가를 해줘.

뭔가를 배우고 싶을 때도 마찬가지야. 그런 것도 그냥은 없어.

학생이니까 공부를 해서 엄마한테 보여줘야 돼."

한자로 시작된
네 살짜리의 공부

"엄마, 무슨 글자가 저렇게 예뻐요?"

네 살 때 TV에서 드라마 〈대장금〉을 보다가 내가 이렇게 말했다고 한다. 외국인 눈에는 우리 한글이 예뻐 보인다던데 내 눈에도 한자가 그렇게 예뻐 보였던 모양이다. 엄마가 달력 뒷면에 또박또박 '大長今'을 쓰고 뜻을 알려주셨다. 나는 색연필로 따라 썼다. 그땐 글씨라는 개념보다 그림처럼 보였으니 따라 그렸다고 해야 맞을 것이다. 이후 TV에서 〈장희빈〉 〈무인시대〉 같은 드라마를 보거나 광고에 한자가 나오면 무조건 써달라고 했다. 추어탕집을 운영하느라 바쁜 엄마를 졸라 동화책을 읽어달라고 해서 세

살 때 한글을 깨친 후, 아마 내가 처음으로 공부라는 것을 시작한 시기가 아닐까 싶다.

하도 한자를 써달라고 했더니 엄마가 어느 날 부수책을 사 오셨다. 그때부터 214자의 부수를 썼다. 하루에 다섯 자도 쓰고 열 자도 썼다. 내가 A4 용지에 쓴 한자를 엄마가 앉은뱅이책상 유리판 안에 끼워주셨다. 그게 자랑스러워서 더 큰 곳에 쓰고 싶었다. 큰 도화지에 214개의 칸을 만들어 색색의 사인펜으로 부수와 훈음을 써서 벽에 붙였다.

내 이름 김지명 중 명(明)은 부수 일(日)과 월(月)을 합친 것이다. 하늘의 밝은 태양과 달을 합쳐서 밝을 명자가 만들어진다니! 예쁜 글자들을 조립하면 또 다른 여러 가지 뜻이 된다는 게 재미있어서 한자를 쓰고 또 썼다.

그러던 어느 날 엄마가 한자 급수 시험을 제안하셨다. 나는 대뜸 "그거 재밌는 거예요?" 하고 물었다. 엄마는 그동안 열심히 공부했으니 얼마나 알고 있는지 확인해보자면서 시험을 보기만 해도 내가 제일 좋아하는 블록을 사준다고 하셨다.

그렇게 블록에 홀랑 넘어가서 여섯 살 때 4급 한자 시험을 치렀다. 주관식 시험은 쉬웠고 객관식은 어려웠다. '아닌 것을 고르시오'라는 말의 뜻을 이해하지 못해서다. 그래도 4급은 수월하게 합격했다.

"지명아, 너 합격했어!"

엄마가 기뻐하셨지만 나는 시험의 의미도 합격의 의미도 몰랐다. 그저 갖고 싶었던 블록을 얻은 것이 행복했다. 엄마는 '옳거니' 싶으셨을 거다. 당근을 주면 덥석덥석 잘도 물었기 때문이다.

"4급 합격했으니 3급 시험 보자."

"아닌 것을 고르시오 문제 어려워서 안 볼래요."

"그럼 검정회 시험 말고 주관식만 나오는 어문회 시험을 볼까?"

"이번에도 블록 큰 거 사주는 거예요?"

"그럼, 시험만 봐도 사주고 합격하면 더 큰 걸 사줄게."

마트 완구 코너에서 찜해두었던 블록이 탐나 또 시험을 본다고 했다. 시험 보는 날, 엄마는 뒤에서 열심히 볼펜을 똑딱거리는 나를 불안한 심정으로 지켜보셨다. 딴짓을 했다가 답안지를 썼다가 코딱지도 팠다가 난리도 아니었다고 한다. 나는 아는 것만 모조리 쓰고 뒤에서 기다리는 엄마에게 나가자고 했다.

"다 써야지 그냥 나오면 어떡해?"

"아는 건 다 썼어요."

150문제 중 105개를 맞아야 급수를 딸 수 있는 시험이었고 나는 106개의 답을 썼다. 엄마는 안타까워서 "더 쓰고 나오지 그랬어!" 하고 야단이었다. 나는 "모르는 걸 어떻게 써요?" 하고 오히려 큰소리쳤다.

엄마는 복잡한 얼굴로 나를 데리고 마트로 가 약속한 대로 블록을 사주셨다. 나는 운 좋게도 106개 쓴 것 중 105개를 맞아서 시험에 합격했다. 엄마가 자고 있는 나를 깨워서 합격했다고 알려주셨다. 4급 합격할 때와는 다르게 엄청 기뻤다. '참 잘했어요' 도장을 받는 것처럼 열심히 공부한 보람을 느꼈다고 할까. 그래서 2급은 자진해서 보겠다고 했다. 엄마는 그럴 줄 알고 진즉 책을 사다 놓으셨다고 한다.

엄마는 나를 키우시면서 블로그에 일종의 '육아일기'를 쓰셨다. 내 기억이 희미한 어렸을 때 일들도 엄마의 일기 덕분에 생생하게 생각이 나는 부분도 있다. 다음은 엄마의 일기 중 일부다.

지명이에게 오늘 오후부터 일요일까지 2,300자 정도를 다 쓰면 일요일 오후에 이마트 가서 레고 비싼 거 사준다 했더니 가게에서 200자를 썼다. 그러고는 내일은 놀토니까 잠도 안 자고 쓸 거라더니 집에 와서 세수도 안 하고 써댔다.

그러다 꾀가 났는지 선불로 미리 사주면 안 되냐 하기에 네가 저번에 약속 한 번 안 지켰기 때문에 이번에는 다 써야 사준다 했더니 너무 힘들다며 울기 일보 직전이다. 그만 씻고 자라고 해도 싫단다.

한참을 웃고 까불더니 이번엔 진짜로 운다. "쓰기 싫으면 그만 자고 내일 쓰고, 내일 다 못 쓰면 일요일날 쓰면 되겠네" 해도 막무가내. 기어코 오늘 다 쓸 거란다. 세수하고 잠이나 자라고 했는데도 양치도 하는 둥 마는 둥 세수도 얼마나 빨리 하는지 원. 씻자마자 소매 걷어붙이고 열나게 써댄다.

한참을 쓰더니만 "힉… 에에헤엥… 흐 에에엥…" 하는 소리가 난다. 또 울고 싶은 모양이다. 레고 선물 받으려면 쓰긴 써야겠고 힘은 들고 죽을 맛인가 보다. 어쩌겠어. 시험이 코앞이니. 그래도 나 같으면 좀 덜 쓰고 레고 안 갖는다 이놈아.

2007년 4월

엄마는 어릴 때부터 지금까지 내게 어떤 공부를 하라고 강요하신 적은 한 번도 없다. 하지만 내가 관심을 보이는 분야에 대해서는 배울 수 있도록 여러 방법을 찾아주려 애쓰셨고, 또 내가 좋아할 만한 '당근'을 적당하게 제시하셨던 것 같다. 가게 꾸리시느라 정신없고 피곤하셨을 텐데…. 생각하면 항상 감사하다.

3급은 일곱 살 때, 2급은 초등학교 입학하고 땄다. 이후 자연스럽게 1급을 준비했는데 과정이 만만치가 않았다. 1급은 주관식만 나오는 한국어문회가 아닌, 객관식도 나오는 대한검정회 시험을 봐야 했다. 1급은 문제도 이해하기 어려워서 국어사전을 옆에 두고 모르는 한글 어휘를 찾아가며 공부했다.

1급 시험 날, 시험장엔 나이 많은 아주머니, 아저씨, 누나, 형들이 있었다. 어린아이가 1급 시험을 보러 온 거냐며 다들 나를 보고 한마디씩 말을 걸었다. 그런 관심이 싫지 않았다. 칭찬을 받으니 으쓱해졌다. 잘한다 잘한다 소리를 들으면 더 잘하고 싶은 마음과 비슷했다.

한 달 뒤 1급 합격 소식을 들었다. 기다리던 소식이라 뛸 듯이 기뻤다. 엄마가 약속대로 블록을 하나 더 사주겠다고 하셨는데 괜찮다고 했다.

"이제 블록 재미없어?"

"안 받아도 기분이 좋아서 괜찮아요."

블록을 받지 않아도 충분한 보상을 받은 것 같았다. 한자 자격증 중 가장 어려운 시험에 합격했다는 사실이 어린 마음에도 자랑스러워서 무척이나 기분이 좋았던 기억이 난다.

1급 시험에 합격하고 나서 엄마가 날 책상 앞으로 부르셨다. 그 위에는 내가 한자 시험을 준비하면서 글씨를 쓴 스케치북이 가득 쌓여 있었다. 3급부터 2급 시험까지는 스케치북 한 장에 200자를 썼고, 1급 공부할 때는 260자를 썼다. 스케치북을 세어

보니 총 178권이었다.

"우리 지명이 참 열심히 했다."

엄마가 머리를 쓰다듬어주셨다. 때론 즐겁게, 때론 짜증을 내며 공부한 흔적이 고스란히 남아 있는 스케치북을 바라보았다. '내가 저만큼이나 공부했어?' 가슴속에 뿌듯함이 밀려왔다. 만약 시험에 합격하지 못했더라도 충분히 자랑스러웠을 것이다. 공부의 흔적이 내가 얼마나 열심히 했는지 말해주었기 때문이다.

이렇게 한자 공부는 내가 공부하는 재미를 깨닫는 중요한 계기가 되었다. 처음엔 한자를 좋아하고 블록을 받고 싶어서 공부하고 시험을 봤지만, 3급 시험부터는 자격증 따고 싶어서 열심히 공부했다. 그때는 잘 느끼지 못했지만 지금 생각해보면 '즐거움' '성과' '보람'의 선순환을 체득한 첫 번째 경험이었던 것 같다.

엄마와의
작은 거래

나는 어릴 때부터 호기심이 넘치고 궁금한 게 많은 편이었다. 그래서 매사에 "왜?"라는 질문을 던졌고 주변 사람, 특히 엄마를 귀찮게 했다. 유치원 다닐 때 나는 수다쟁이, 질문쟁이였다. 엄마를 졸졸 따라다니며 얼마나 많은 질문(말이 안 되는 질문들까지)을 해댔는지 모른다. 참다못한 엄마가 하루는 이러셨다.

"너 이리 와봐. 입에 반창고 좀 붙이자."

"반창고를 왜 입에다 붙여요?"

"하루 종일 쉬지 않고 조잘조잘 물어보고 꼬리에 꼬리를 물고 또 질문하니까 엄마가 입도 아프고 몸도 아프고 안 되겠어. 반창고 들고 이리 와."

그 말에 나는 입술을 가리고 안 된다며 울먹거렸다. 그 후로는 엄마가 아프면 이제부터 말도 안 하고 질문도 조금만 할 거니까 아프지 말라며 울기도 했다.

엄마는 식당 때문에 나와 많은 시간을 함께 보낼 수 없었다. 그래서 한 달에 1만 원을 내면 피아노, 바이올린, 수학, 영어 등을 조금씩 가르쳐주는 근처 예술 회관에 나를 보내셨다. 바쁜 엄마의 어쩔 수 없는 선택이었다. 버스를 타고 왔다 갔다 해야 하는 곳이었는데 처음에만 엄마가 데려다주셨고 나중에는 혼자 다녔다. 또래 친구들은 이런저런 학원에 다니고 있었지만 등하원 픽업이 어려운 내 형편에는 맞지 않았다. (그러다 초등학교 4학년 때 인강을 듣기 시작했는데, 학교 마친 후에 가게 텃밭에서 놀거나 게임, TV 시청으로 시간을 보내는 내가 신경 쓰여서 엄마가 신청해주신 것이었다.)

어린 시절 엄마가 하셨던 얘기 중에 특히 기억에 남는 것이 몇 가지 있는데 그중 하나는 '갖고 싶은 게 있다면 노력해서 얻으라'는 얘기였다. 엄마는 내가 초등학생일 때부터 이렇게 말씀하셨다.

"엄마는 추어탕 팔아서 돈을 벌지만 네 직업은 뭐지? 학생이야. 학생은 학교 가서 공부하는 게 직업이야. 절대 세상에 공짜는 없어. 뭐든지 사고 싶으면 엄마한테 공짜로 사달라고 하지 마. 그걸 받고 싶으면 너도 엄마한테 뭔가를 해줘. 뭔가를 배우고 싶을 때도 마찬가지야. 그런 것도 그냥은 없어. 학생이니까 공부를 해서 엄마한테 보여줘야 돼."

그래서 뭔가를 갖고 싶을 때 엄마와 나는 '작은 거래'를 했다. 바로 스티커 붙이기였다. 초등학교 때 로봇을 엄청 좋아했었는데 한번은 너무 갖고 싶은 로봇 키트가 있었다. 근데 가격이 12만 원으로 꽤 비쌌다. 엄마한테 말씀드렸더니 스티커 600장을 모으면 사주겠다고 하셨다. 한 장에 200원인 셈이었다. 그 뒤로 영어 단어를 외우거나 문제집을 푸는 등 공부를 하고 나면 공부량에 따라 몇 장씩 스티커를 붙여주셨다. 나는 로봇 키트를 갖고 싶은 맘에 낑낑대면서도 스티커 100개짜리 종이 다섯 장을 가득 채웠고 엄마가 2만 원을 보태주셔서 결국 원하던 로봇 키트를 가질 수 있었다.

한참 뒤에야 해주신 말씀이지만, 그때 장사하는 와중에 스티커 종이를 만들고 내가 공부한 걸 일일이 확인하고 스티커를 붙여주는 게 엄마 입장에선 쉽지 않은 일이었다고 한다. 보통 엄마들은 아이가 사달라고 자꾸 조르는 게 귀찮아서 그냥 사주는 경우가 많은데, 엄마도 마음으론 사실 그러고 싶으셨다고 했다. 하지만 이게 습관이 되면 나중에 어른이 되어서도 그냥 사달라고 할 거고, 그건 나를 위해서도 결코 좋은 길이 아니라고 생각하셨던 것이다.

엄마는 내가 엄청 영특하다고는 생각하지 않으셨지만 한자 공부를 파고들거나 뭔가를 하려고 욕심을 내는 모습을 보면서 집중력이 좋다는 생각은 하셨다고 한다. (이 점은 나도 동감하는 부분이다.) 초등학교 때는 내가 공부를 어느 정도 하는지 검증할 수단이 없었다. 그냥 중간고사, 기말고사 점수가 잘 나오는 수준이었다. 어린 시절 나는 공부를 위한 공부는 하지 않았다. 수학 문제집이라는 게 있다는 것도 초등학교 2학년 때 처음 알았을 정도였다.

인강이라는 신세계와 함께
혼공에 빠지다

문제집의 존재를 처음 알게 된 초등학교 2학년 이후로 여러 가지 문제집을 사서 풀어보곤 했는데, 특히 수학 문제집을 많이 샀다. 어릴 때부터 내가 제일 좋아한 과목이 수학이었기 때문이다. 그러다 초등학교 4학년 때 내 수학 실력을 크게 발전시켜 줄 '신의 한 수'를 만나게 됐다. 바로 인강이다.

초등학교 땐 학교가 끝나면 곧바로 엄마 가게로 가서 시간을 보내곤 했다. 혼자서 숙제를 하고, TV를 보고, 컴퓨터로 게임도 했다. 그때 엄마는 내가 의미 없이 시간을 보내는 게 마음이 걸리고, 중학교 올라가면 수학도 어려워질 것 같아서 고민하셨다고 한다.

그러다가 신문에서 한 수학 인강 광고를 보셨다. 사이트에 들어가서 확인해보니 고등학교 수학까지 공부할 수 있는 커리큘럼이었다. 중학교 방정식과 등차수열, 미적분 등 학년에 관계없이 배울 수 있다는 점도 마음에 들었고, 수학을 좋아하는 내 실력을 키워줄지도 모른다는 생각을 하셨다.

엄마는 우선 맛보기 강좌를 내게 보여주셨다. "지명아, 너 이거 한번 볼래? 엄마가 봤는데 진짜 재밌더라." 엄마의 말에 샘플 강의를 들어봤는데 완전히 홀려버렸다. 강의가 너무 재미있었다. 그런 내 모습에 꽤 고가였지만 충분한 가치가 있을 거란 판단을 하셨는지 엄마는 3년짜리 코스를 결제해주셨다. 덕분에 나는 초등 4학년 산수를 넘어 보다 넓은 수학의 세계로 나아갈 수 있었다.

요즘은 어떨지 모르겠지만 당시에는 초등학생이 인강을 듣는 일은 드물었다. 방과 후 친구들은 대부분 학원으로 갔지만 나는 컴퓨터 앞에 앉았다. 인강을 접한 후로는 가끔 다니던 학원도 모두 끊었다. 학원보다는 인강이 나에겐 훨씬 잘 맞았기 때문이다. 이렇게 인강으로 혼자 공부하는 습관은 이후 고등학교 때까지 쭉 이어졌다.

나에게 인강은 공부로 받아들여지지 않았다. 재미있는 책을 고르듯 궁금하고 끌리는 걸 찾아보는 재미가 있었다. 순서대로 차곡차곡 듣는 게 아니라 이 강의 저 강의 내키는 대로 들었다.

학년 상관없이 관심 가는 것을 재미있는 영상 찾아보듯 골라서 봤다.

어떻게 초등학생이 인강을 집중해서 볼 수 있냐고 물어보는 분들이 있는데, 지금 생각해보면 인강을 열심히 들을 수 있었던 요소가 있었다. 수학은 일단 선생님이 재미있게 가르치셨다. 선생님 말투나 오버액션이 너무 신선했다. 아직도 기억나는 게 분수를 가르칠 때 분필을 부러뜨리면서 설명하는 게 너무 재미있었다. 학원보다 훨씬 재미있었다. 또 '초등학생인데 중학생들이 배우는 문제를 공부하다니' '중학생인 내가 고3 수능 문제를 풀다니' 하는 마음이 나를 자극했다.

영어의 경우 우리말을 영어로 바꾸는 영작문 강의를 들었다. 강의 자료를 미리 뽑아서 먼저 풀어본 후에 수업을 들으면서 얼마나 맞았는지 답을 맞춰볼 때 흥미진진했다. 국어는 본격 강의 형태가 아닌, 매일 열 개 정도의 짧은 지문을 읽고 기억했다가 문제를 푸는 방식의 '스피드북' 프로그램을 들었다. 화면 속 움직이는 점을 따라 눈동자를 움직인다거나 빠르게 점멸하는 단어를 맞히는 미니 게임이 특히 재미가 있었다.(이때 기초를 닦아둔 덕분에 중학교 때 비문학을 한결 수월하게 학습할 수 있었다.) 이렇게 내게 인강은 공부보다는 재미있는 놀이에 가까웠고, 거기에서 우쭐함과 성취감까지 느낄 수 있었다.

초등 6학년 때 찾아온
백혈병

수능 시험 후 엄마가 말씀하셨다. 백혈병으로 고생은 했지만 그 덕에 공부하는 힘을 더 키우고 인생의 목표를 바로 세우는 계기가 된 것 같다고. 나도 고개를 끄덕였다. 그날로부터 한참 멀어졌기 때문일까. 이제 담담하게 그때를 회상할 수 있다. 하지만 당시의 나를 생각하면 여전히 안쓰럽고 마음이 아프다.

그때는 몰랐지만 이 세상에는 수많은 삶이 존재한다. 지금도 병원에는 몸이 아파서 학교에 가지 못하는 아이들이 있고, 구호 단체가 노력하고 있음에도 여전히 쓰레기 마을에서 고철을 줍는 아이들이 있다. 학교에 가기 위해 매일 왕복 10km를 걸어 다니는 고산지대의 아이들, 고사리손으로 공사장에서 벽돌을 깨느라 학교 가는 건 꿈도 못 꾸는 아이들도 있다. 내전 중이라 연필 대신 무기를 잡아야 하는 소년병도 있다.

그런 아이들에겐 지금 우리에게 당연하게 주어진 학교라는 공간과 학생이란 신분이 대단한 행운처럼 보일 것이다. 대한민국에서 초등학교 6년, 중학교 3년은 국민의 권리로 보장된 의무교육 과정이다. 또 대부분의 부모님은 교육을 가장 중요한 가치로 여기고 최선을 다해 그 과정을 지원한다. 그래서 우리는 공부를 못 하게 되는 상황에 처할 수도 있다는 사실을 피부로 느끼지 못한다.

나도 그랬다. 어떤 이유에서든 학교에 가지 못하거나 공부하지 못하게 된다는 걸 상상해본 적이 없었다. 그러다 초등학교 6학년 11월 말, 평범하게 학교에서 공부한다는 것이 얼마나 큰 행운인지 절실히 느끼게 된 일이 벌어졌다.

'아, 나 왜 이러지.'

6학년 교실이 있는 4층까지 계단을 오르는데 갑자기 숨이 턱까지 차며 눈앞이 흐려졌다.

"빨리 좀 들어가." 기운이 없어 교실 문 앞에 엉거주춤 서 있는 나를 친구가 툭 쳤다. 요즘 피곤한가 싶었다. 좀 지나면 괜찮겠지 했는데 며칠이 지나도 나아지지 않았다. 학교에 다녀오면 피곤해서 아무것도 하지 못하고 머리만 대면 잠을 잤다. 열도 나고 속이 답답했다. 엄마는 혹시 감기가 아니냐며 약을 지어다 주셨다. 그래도 열이 올랐다 내리기를 반복했다.

이제 4층 교실까지 올라가는 일이 극기 훈련처럼 부담스러웠다. 언제부턴가는 숨이 가빠서 몇 번 쉬면서 올라갔다. 엄마와 시장에 갈 때도 엄마 걸음을 따라가지 못했다. 엄마는 평소 감기 말고는 앓은 적이 없고 늘 까불거리던 내가 힘없이 다니는 모습에 걱정을 하셨다.

"눈꺼풀이 퉁퉁 부었네. 얼굴도 창백하고. 어디가 제일 불편해?"

"숨이 가빠요."

"혹시 폐에 문제가 생겼나?"

엄마와 나는 내가 아기일 때부터 가던 집 근처 병원으로 갔다.

"지명이가 자꾸 열이 나고 숨이 차다고 해요."

엑스레이를 찍어본 결과 폐는 깨끗했다. 하지만 원장님은 혹시 모르니 큰 병원에 가서 혈액검사를 해보라고 하셨다. 감기약 정도 처방받을 줄 알았는데 또 병원에 가라니. 엄마는 잠깐 망설이셨다. 하지만 평소 신뢰하던 원장님 말씀이라 따르기로 했다.

큰 병원을 찾아 혈액검사를 받는데 지금 당장 서울대병원 응급실로 가야 한다고 했다. 엄마가 놀라서 이유를 묻자 백혈구 수치, 헤모글로빈 수치 등에 대해 설명해주셨다. 물론 당시의 나는 무슨 말인지 알아들을 수 없었다. 엄마 얼굴을 바라보니 딱딱하게 굳어 있었다. 엄마는 예전에 임상병리사로 일하셨기에 대충 눈치를 채신 듯했다. 소견서를 받아 들고 우리는 택시를 잡아탔다. 엄마가 눈물을 훔치셨다. 창밖을 바라보며 눈물을 참는 엄마를 붙들고 나는 이유도 모르고 같이 울었다.

서울대병원 응급실에 도착해서 피검사와 심전도 검사를 받았다. 백혈구 수치상 백혈병이 의심된다고 했다. 응급실 격리실에서 하룻밤을 보낸 뒤 어린이병원에 입원했다. 피검사, 소변검사, 골수 검사, 척수 검사 결과 '급성림프구성백혈병'이라는 진단을 받았다.

곧바로 항암제 투여가 시작되었다. 토하고 또 토했다. 2인실에서 하루 만에 중환자실로 혈액투석을 받으러 갔다. 항암제를 투여하니까 미성숙 백혈구가 한꺼번에 너무 많이 깨져서 신장에 과부하가 걸렸다고 했다.

"나쁜 일이 아니야. 항암제가 제 역할을 하고 있다는 뜻이니까 걱정하지 마."

엄마가 의사 선생님께 들은 말을 전하며 나를 안심시키셨다.

투석할 때는 체온이 낮아진다. 추위에 몸을 떨면서 잠을 청하려는데 간호사 선생님이 심박수가 느리다고 잠을 못 자게 했다.

잠이 들면 이대로 깨어나지 못할 수도 있을 거라고 생각하니 엄마가 너무 보고 싶고 슬프고 무서웠다. 투석기가 돌아가는 소리만 들리는 병실에서 졸음과 싸우며 날이 밝길 기다렸다. 날이 밝으면 단 30분의 면회지만 엄마를 볼 수 있다는 생각을 하며 그 시간을 참아냈다. 그날 밤 나는 이 병과 싸우려면 용감해져야 한다는 사실을 어렴풋하게나마 깨달았던 것 같다.

내가 병원에서
수학 인강을 들었던 이유

내가 입원한 곳은 혈액종양내과의 어린이 병동이었다. 병원은 아주 낯선 세계였다. 내 주변엔 머리가 빠진 아픈 아이들이 있었고 나도 그중 하나가 되었다.

"엄마, 나 학교는?"

"지금 학교를 어떻게 가니?"

엄마가 대답하셨다. 그럴 것 같았지만 괜히 확인해본 거였다.

나는 힘없이 침대에 누워서 학교의 일과를 떠올렸다. 점심 먹을 시간인데 나도 급식 먹고 싶다, 오늘은 대청소하는 요일이라 힘들겠다 등. 주말에 친구와 놀기로 한 약속을 지키지 못한 것도 아쉬웠다. 혹시 다시는 학교에 못 가는 거면 어떡하지?

　처음엔 죽을까 봐 무서웠다. 그래도 어딘가에 신이 있어서 나를 조금 가엾게 여긴 걸까. 골수성백혈병은 골수 이식이 필요하지만, 급성림프구성백혈병은 정해진 치료 방법에 따라 치료하면 완치 가능성이 높은 병이라고 했다. 그 사실만으로도 안심이 되었다.

　인간은 적응의 동물이 맞는 건지, 긴장이 풀리면서 병원 생활에도 적응하고 슬슬 평소 모습을 되찾아갔다. 몸이 많이 힘들 땐 가만히 누워 있었지만 컨디션이 괜찮을 땐 노트북을 펼쳐서 인강을 들었다. 항암제로 속이 메스꺼울 때 수학 인강에 집중하면 아픈 걸 조금 잊을 수 있었다.

　"간호사 선생님이 너 수학 공부 한다고 하더니 진짜네?"

　병원에 입원한 이후로 줄곧 나를 담당해오셨던 주치의 선생님이 인강을 보고 있는 나를 보며 웃고 계셨다. 항상 친근하게 다가와서 이런저런 말을 건네주시는 고마운 분이었다.

　"공부는 아니고…. 그냥 보는 거예요."

　"이거 2차방정식이잖아. 초등학생이 벌써 이런 걸 보네. 이해는 돼?"

　"네, 재밌어요."

　"저번에 혈액투석 할 때 네가 수학 공식 외웠다고 하더라."

"어? 기억 안 나는데."

"그렇겠지. 마취했을 때니까."

그때 내가 무슨 공식을 외웠을까. 선생님께 여쭤볼 걸 그랬나.

병원 생활 하는 동안 특히 엠베스트 강현정 선생님의 강의를 즐겨 봤는데 선생님 특유의 재밌는 오프닝 멘트를 듣고 있으면 병원이 아니라 평소처럼 집에 있는 것 같았다. 재밌는 강의 덕분에 공부한다는 생각 없이 빠져들 수 있었다.

"아픈데 공부를 다 하고 지명이는 대단하다."

내가 수학 인강을 보고 있으면 같은 병실 환자 부모님들이 신기해하셨다. 그럴 때마다 약간 민망했다. 간호사 선생님, 의사 선생님도 나를 대단하게 여기셨다. 나중에 수능이 끝나고 나서 정목 스님이 진행하시는 방송에 출연했을 때 스님은 나를 '병실에서도 수학책을 놓지 않은 아이'라고 소개하셨다.

이 기회를 빌려 밝히자면 그건 진짜 오해다. 내가 병원에서 수학 인강을 본 이유는 정말 재미있어서였다. 제대로 학교 공부를 하려고 했다면 다른 과목도 골고루 했겠지만 병원에 있는 동안은 내내 수학만 봤다. 그래서 그 와중에도 집중이 가능했을 것이다. 당시 내가 봤던 인강은 초등학교뿐 아니라 중학교, 고등학교 과정까지 아우르는 내용이었다. 그렇다 보니 전부를 이해할 수도 없었다. 그냥 새로운 개념을 알게 되는 게 즐거웠던 것 같다.

만일 그때 내가 '우주'에 관심을 가졌다면 우주와 관련된 다큐멘터리를 봤을 거다. 드라마나 만화를 좋아했다면 그걸 봤을지도 모른다. 그런데 그 당시 내가 흥미를 갖고 있었던 게 공교롭게 수학이다 보니 학교 공부를 열심히 하는 아이로 비친 것이다. 그 무렵 나에게 수학은 다음 화가 기다려지는 웹툰처럼 흥미로운 대상이었다. 수학 대신 자신이 좋아하는 것을 대입해보면 나를 이해할 수 있을지도 모르겠다.

관심이 생기는 주제에
집중하는 습관

항암 치료를 받으면 다양한 부작용이 일어나는데, 내 경우에는 주로 메스꺼움과 탈모였다. 사실 머리가 빠지는 건 괜찮았다. 좀 아쉬울 뿐 아픈 건 아니니까. 나는 원래 곱슬머리라 짧게 자르고 다녔기 때문에 빡빡머리가 되었을 때도 크게 슬프진 않았다. 그런데 메스꺼움은 고통스러웠다. 웃긴 건 토할 것 같은데도 밥맛이 좋았다는 거다. 같은 병실을 쓰는 아이들은 약을 먹으면 토하느라 밥을 거부했는데 나는 병원 밥이 너무 맛있었다.

이유는 항암제 '프레드니솔론' 때문이었다. 이 약은 항암제뿐 아니라 알레르기 치료제로도 쓰인다. 알레르기 치료할 땐 한 알만 먹지만 항암제로 쓰일 땐 7~10알까지 먹는다. 집중 투여 하면 지방의 재배치에 영향을 주고 식욕을 증가시킨다. 약을 오래 먹다 보니 피부가 얇은 쪽으로 지방이 올라가면서 얼굴이 보름달처럼 크고 동그래졌다.

내가 걸린 병의 치료 과정은 별다른 돌발 상황이 발생하지 않는 한 정해진 치료 과정을 3년간 따라가면 되는 것이었고, 그 과정만 잘 버티면 완치의 가능성이 높다고 했다. 그래서 다른 환자들이 힘들어서 약을 몰래 버릴 때도 나는 빨리 낫고 싶어서 약을 꼭 챙겨 먹었다.

'항암 치료를 하면 왜 속이 메스껍고 머리가 빠질까?'

메스꺼움과 탈모가 항암제의 부작용이란 건 알고 있었지만 왜 그런 부작용이 생기는지 궁금해서 검색을 해보았다. 암세포는 일반 세포보다 분열이 활발하고, 항암제는 분열 속도가 빠른 부위를 집중적으로 공격하는 방식으로 작용한다. 이때 분열 속도가 빠른 정상 조직도 암세포와 함께 항암제의 표적이 되어 타격을 받는다. 만일 위장 조직이 공격을 받으면 메스꺼움이 생기고 모발 조직이 공격을 받으면 탈모가 생기는 것이다. 이처럼 항암제의 작용에 대해 어느 정도 이해를 하고 나니 내 몸의 변화에 크게 놀라지 않게 되었다.

물론 항암제의 메커니즘을 아는 것과 이겨내는 것은 다른 문제였다. 처음 한 달 동안은 가장 강한 항암제를 쓰던 때라 메스꺼움으로 정말 힘들었다. 그런데 약을 투여하는 방식에 따라 몸이 느끼는 바가 달랐다. 그래서 또 다른 궁금증이 생겼다.

'왜 어떻게 약을 투여하느냐에 따라 메스꺼울 때도 있고 아닐 때도 있을까?'

우선 '시타라빈'이라는 약은 척추로 넣었을 때는 부작용이 없었다. 그런데 팔에 근육주사로 넣으면 그날은 그냥 뭘 먹어도 토했다. 'MTX'라는 약은 척추에 직접 넣을 땐 아프고 무서워도 부작용은 없었는데, 정맥주사로 놓으면 그날은 아무것도 못 먹었다. 밤에는 MTX를 경구용으로 여덟 알 먹었는데 먹는 순간 물처럼 침이 많이 나왔다. 또 다음 날 아침까지 혀에 막이 하나 덧씌워진 듯 느낌이 이상했다. 그래서 물 대신 우유와 먹으면 어떨까 해서 초코우유와 함께 먹어보니 이상한 느낌도 없고 속도 괜찮았다. 이후로는 이 약을 먹을 땐 물 대신 초코우유와 먹었다. 물론 이건 과학적 근거는 없고 그냥 경험상 알게 된 사실이다. 나만의 플라세보 효과였을지도 모른다.

병원에 있다 보니 관심이 온통 약에 쏠렸다. 특히 간호사 선생님들이 끌고 다니는 카트에 관심이 많았는데, '마약'이라고 쓰인

약들을 비롯해 신기한 주사들이 많았다. 그중에서도 나와 관련 있는 항암제에 관심이 갔다. 치료 안내 책자 뒷부분에 있는 항암제 목록을 읽어보았다. 그리고 내 치료에 사용되는 것들을 하나씩 찾아보았다. 빈크리스틴은 일일초, 학명 빈카(Vinca Rosea)라는 식물에서 채취하는데, 항암제의 원료가 식물이라니 신기했다.

부작용에 대해서도 꼼꼼하게 봤다. 대부분은 오심, 구토였지만 특별한 부작용들도 있었다. 빈크리스틴은 장폐색을 일으켜 초록색 구토를 유발할 수 있다. 사이톡산은 방광염을 수반할 수 있고, 그럴 땐 메스나라는 주사를 투여해서 증상을 완화한다. 도노루비신, 아드리아마이신은 약이 빨개서 약을 투여하면 혈뇨가 아닌데 오줌이 빨갛게 나오고 파란색 약물은 반대로 파란 오줌이 나오게 한다. 부작용이 인상적이어서 지금도 기억하고 있을 정도다.

또 궁금해졌다. '나에겐 왜 이런 부작용은 생기지 않았을까?' 그래서 검색을 해봤고 부작용은 1%의 가능성만 있어도 모두 기재해야 해서 이렇게 다양한 케이스가 적혀 있다는 것도 알게 됐다. 조금 기운을 차린 후에는 블로그에 내가 맞는 항암제 이름과 백혈구 수치 등을 자세히 써놓기도 했다. 내가 의학과 유기화학 쪽에 관심을 갖게 된 건 아마 이 시기부터인 듯하다.

이런 걸 찾아본 게 딱히 치료에 긍정적인 효과를 미치거나 했던 건 아닌 것 같다. 단지 어릴 때부터 다양한 '잡지식'을 외우는 걸 좋아했던 성향이 발현됐을 뿐이었다. 어린 마음에 어려운 외국어 단어들이 매력적으로 느껴지기도 했다. (나중에 대학에서 해부학을 배우고 나서는 게임 캐릭터 이름을 라틴어 '알베우스(Alveus, 뇌에 있는 해마의 일부분)'라고 짓기도 했다.)

　항암 치료를 하며 계속 무언가를 궁금해하고 그 답을 찾은 덕에 투병 중 수시로 찾아오는 두려움을 조금이나마 덜 수 있었다. 괴로운 부작용이 생기는 것도 내 몸이 낫고 있는 과정의 하나라고 인식하게 되었기 때문이다. 재미있는 것은 이때 찾아본 시타라빈, 메토트렉세이트 같은 항암제들을 이제 의대에 와서 제대로 공부하고 있다는 것이다. 인체생화학 시간에 항암제의 기전을 공부할 때 친숙한 이름들을 발견하고는 반가운 기분이 들었다. 약의 작용 기전을 배우며 '그때 내 몸에 이런 게 들어왔었구나' '그때 맞았던 건데' 하는 생각도 하곤 한다.

📝 질문은 힘이 세다

나는 삶의 모든 부분에서 '왜?'라는 질문을 던지는 것이 중요하다고 생각한다. 이런 궁금증은 당연한 일상에 흥미를 느끼고 이유를 찾는 계기를 만들어준다. 이 질문은 우리 앞에 놓인 상황과 관심 있는 모든 것에 적용할 수 있다.

'하늘은 왜 파랄까?'

'항암제는 왜 구토와 탈모를 유발할까?'

'왜 공부를 해야 할까?'

아이들의 순수한 질문부터 내 앞에 닥친 시련, 일상의 순간까지 질문의 범위는 다양하다. 이런 질문을 던짐으로써 겉으로 드러난 현상을 주의깊게 관찰하고, 그 안에 담긴 본질과 핵심을 파악하게 된다. 당연한 얘기지만 '왜?'는 공부에도 적용할 수 있다. 수학 개념 하나, 한국사 한 단락에도 우리는 무수한 질문을 던질 수 있다. 물론 질문하고 답을 찾는 과정은 암기보다 더 많은 시간이 걸린다. 선생님의 설명, 그리고 책이나 문제집의 내용을 그대로 받아들이는 것이 당장은 쉽고 편하다. 하지만 질문을 하면 표면적 정보 이상의 것을 찾게 되고 공부가 더욱 깊어진다. 개념과 원리를 확실하게 이해하는 것은 물론, 나아가 시험 출제자의 의도까지 파악할 수 있게 된다. 그리고 그 기억은 훨씬 오래 지속된다.

'왜?'라는 질문을 계속 던지는 것은 운동하면서 근육을 단련하듯 반복과 노력으로 키울 수 있는 자세이다. 이것을 습관화하면 생각하는 힘이 커지고 과정을 즐길 수 있게 된다. 스스로 질문하고 대답을 찾을 때 겉핥기식 공부가 아닌, 피가 되고 살이 되는 진짜 공부가 비로소 시작된다.

나도 저런 멋진 의사가
되는 건 어떨까?

어릴 때 '너는 커서 뭐가 될래?' 같은 질문을 받으면 대통령, 변호사, 의사, 판사, 경찰, 과학자 등 멋있어 보이는 건 모조리 이야기했다. 그러다 정말 꿈을 갖게 된 것은 입원한 병원에서 주치의 선생님을 만난 이후다. 어린 마음에 가운을 입은 모습이 되게 멋있게 보였다. 또 교수님들이 회진 도실 때 뒤에 여러 의사 선생님들을 거느리고 다니는 모습도 멋져 보였다. 그런 모습을 보며 나도 저런 의사가 되면 어떨까 생각하게 되었다.

주치의 선생님은 내가 치료를 두려워하고 부작용으로 힘들어 할 때마다 잘하고 있다는 말로 안심시켜 주셨다. 희망적인 말을 들으니 치료받을 의지가 생겼다. 궁금한 점, 걱정되는 점에 대해 여쭤볼 때도 주치의 선생님은 항상 친절하게 알려주셨다. 대화의 끝은 언제나 "상황은 아주 좋으니까 힘을 더 내보자"였다. 환자의 말에 귀 기울이며 마음을 다독여주는 의사 선생님의 모습에 감사하는 마음과 동경하는 마음이 함께 생겨났다. 그러면서 의사 선생님들을 더욱 주의 깊게 보게 됐다. 내가 의사가 된다면 나 같은 아이들을 고쳐줄 수 있겠지. 한 명 한 명에게 다가가 얼마나 무섭고 힘든지 이야기를 들어주고 주치의 선생님이 그랬던 것처럼 "선생님만 믿고 따라오면 나을 수 있어"라고 말해주고 싶었다.

그때 마음속에 의사라는 꿈이 구체적으로 그려졌다. 의사가 되려면 먼저 의대에 가야 하고 그러려면 공부를 열심히 해야만 한다. 하지만 몸이 아픈 내가 그 정도까지 공부를 할 수 있을까? 그 당시로는 다시 학교에 갈 수 있을지조차 의문스러운 상황이었다. 만약 하늘이 도와서 몸이 나아 제대로 공부할 수 있게 되면 의대를 목표로 진짜 열심히 공부하겠다고 다짐했다.

그래도 학교는
가고 싶어

초등학교 마지막 겨울방학 동안 2차 항암을 시작했다. 열이 약간만 올라도 불안해졌다. 열이 심해지면 바로 응급실로 가야 하기에 평상시에도 입원 준비물을 가방에 챙겨놓았다. 또 하나의 문제는 ANC 수치였다. 백혈병을 일으키는 암세포는 미성숙 백혈구다. 그런데 항암제가 이 암세포를 공격할 때 정상적인 백혈구도 같이 공격받기 때문에, 몸의 면역력을 나타내는 지표인 ANC(절대호중구수, 백혈구의 한 종류인 호중구의 숫자를 뜻함) 수치도 함께 떨어진다. 2,000~3,000 정도가 적당한 수치인데 급격하게 떨어질 때가 있다. 내 경우 0까지 떨어진 적도 있다. ANC 수치가 떨어지면 수치를 높이는 주사를 맞아야 하고, 500 이하로 떨어지면 격리실에 입원한다. ANC 수치는 이후에도 내가 공부할 때 큰 영향력을 행사했다. 수치가 높으면 활력이 생겨서 학교에서도 정상인 것처럼 공부할 수 있었지만, 수치가 떨어지면 힘이 없어서 아무것도 할 수 없었다. 이 수치가 낮은 날은 스스로도 바로 느낄 수 있었고 검사를 해보면 실제로도 수치가 낮게 나왔다.

어렵사리 2차 항암을 끝낸 2월 중순, 담당의 선생님께 반가운 소식을 들었다.

"지명이 학교 가고 싶어 했지? 조심하면 갈 수 있겠다."

이어 선생님은 이후에 진행하는 항암은 낮 병동에 잠시 입원하는 형식으로 통원 치료를 받으면서 할 수 있다고 하셨다. 그무렵 학교는 나에게 중요한 이슈였다. 나와 같은 소아암 환우를 위해 학교에 가지 않고 교과 과정을 이수할 수 있는 시스템이 있었고, 같은 병을 앓고 있는 아이 중에는 인강으로 공부를 대신하거나 휴학하는 경우도 많았다. 학교에 가도 된다는 선생님 말씀에 엄마는 내게 어떻게 하고 싶은지 물어보셨다.

당연히 학교에 가고 싶었다. 치료받는 동안 항상 친구들이 그리웠다. 같이 수업을 듣고, 떠들고, 점심을 먹는 평범한 학교생활의 소중함을 절실히 느끼는 중이었다. 나도 다른 애들처럼 중학교에 올라가서 새 친구들을 사귀고 교복도 입고 싶었다.

나는 학교에 가겠다고 했다. 주치의 선생님이 마스크를 잘 쓰고 무리하지 않으면 치료와 공부를 병행할 수 있을 거라고 용기를 북돋아주셨다. 몸이 아픈 상태로 학교에 가는 것을 걱정하던 엄마도 이내 마음을 바꾸셨다.

중학교 예비 소집일, 새 교복을 입고 마스크를 끼고 학교에 갔다. 병원에만 있다가 또래 친구들을 만나러 가니 긴장되고 설렜다. 초등학교 때 친구들은 나를 보고 아는 척하고 반가워했다. 나도 말로 다 표현할 수 없을 만큼 반가웠다.

갑자기 모르는 아이가 나를 보고 합장을 했다. 내가 스님처럼 보여서 그랬을까, 놀리려고 그랬을까. 항암을 하면서 빠지기 시작한 머리가 입학 즈음엔 거의 남아 있지 않았으니 중학생 애들 눈엔 꽤나 이상해 보였을 것이다. 그래도 나는 학교에 왔다는 사실만으로도 행복했다. 항암 치료 초기에는 다리에 힘이 없어서 툭하면 넘어지고 제대로 걷지도 못하던 내가 이렇게 씩씩하게 두 발로 걸어 학교에 오지 않는가. 올챙이처럼 뽈록 나왔던 배도 정상적으로 돌아왔고, 뼈만 앙상하던 팔뚝과 종아리도 제법 살이 붙고 있었다. 키는 148센티미터로 아직 그대로였지만 항암 치료가 끝나면 큰다고 하니 기다려보기로 했다.

3월 4일 입학식을 하고 다음 날 전국 진단 평가 시험을 봤다. 그 다음 날이 정식 수업 첫날이었는데 난 결석을 할 수밖에 없었다. 아침 8시에 병원으로 출발해서 골수 검사와 척수 검사를 한 후 항암제를 투여받았다.

'오늘 나만 빼고 다들 수업받았겠네.'

항암제를 맞는 4시간 동안 침대에 누워 있자니 학교 일이 궁금했다. 내일도 조퇴하고 병원에 와야 한다는 생각에 한숨이 나왔다. 학교에 다닐 수 있는 것만으로 행복했던 마음에 그새 먹구름이 끼는 것 같았다. '벌써부터 이러면 안 돼. 그래도 아예 못 가는 거보단 낫잖아.' 눈을 꼭 감고 마음을 다잡았다.

그리고 2주쯤 흘렀을 때 놀라운 소식을 들었다. 진단 평가 결과 내가 전교 1등을 했다는 것이다. 여전히 빡빡머리에 마스크를 쓰고 학교를 다니고 있는 내게 이목이 쏠렸다. 얼떨떨했다. 당시엔 몸이 아프다 보니 성적에까지 신경 쓸 여유가 없었던 터라 진단 평가 결과는 솔직히 안중에 없었다. 학교에 가게 된 것만으로도 다행이라고 여기고 있었으니까.

생각해보면 나는 공부에 관해선 운이 좋은 편이었다. 성향상 배우는 걸 좋아하는 타입이기 때문이다. 또 한자 공부를 하면서 어릴 때부터 새로운 것을 배우는 즐거움, 성과, 보람이라는 공부의 재미를 경험한 게 큰 작용을 했다. 하지만 앞으로는 분명히 달라질 터였다. 내가 좋아하는 한자나 수학뿐 아니라 모든 과목을 골고루 공부해야 했다. 수학만큼 흥미가 생기지 않아서 잘 보지 않았던 국어 인강도 열심히 들어야 하는 것이다. 그래야 다음에도 전교 1등이라는 타이틀을 지킬 수 있을 테니까.

병원에 있으면서 의사가 되고 싶다는 구체적인 꿈이 생겼지만 일단은 치료에 집중하고 몸과 마음이 준비되면 제대로 공부를 시작할 생각이었다. 그런데 기대하지 않은 타이틀이 주어졌고, 그로 인해 내 예상보다 일찍 꿈을 향한 레이스를 시작하게 되어 버렸다.

📝 혼자 공부하는 힘은 빨리 기를수록 좋다

　내가 백혈병으로 갑작스러운 변화를 겪었듯, 요즘 학생들도 큰 변화를 겪고 있다. 나는 감염의 위험으로 마스크를 끼고도 학교에 못 갈 때가 있었지만, 요즘은 코로나로 인해 마스크를 끼고 학교에 가는 대신 온라인 수업을 한다. 이유는 다르지만 처한 상황은 비슷한 점이 많다.

　학습 공간이 집으로 옮겨지면서 여러 가지 문제가 발생하고 있다. 얼마 전까진 학습 분위기가 조성된 교실과 학원에서 공부했지만 이젠 집에서 혼자 공부해야 한다. 비대면 수업을 제대로 따라가기 위해서는 자기 통제 능력이 필요한데 이런 힘을 갖춘 학생이 많지 않다 보니, 생활 습관이 급격하게 나빠지고 성적도 떨어지는 것이다. 그러고 싶지 않은데 자꾸 해이해져서 자신에게 실망하고, 딴짓을 할 때 주의를 주는 선생님과 옆에서 자극이 되어 주는 친구들이 없으니 마음을 잡고 공부하기 어렵다. 어느 정도 혼자 공부하는 습관이 잡혀 있는 나도 대학 수업이 비대면으로 전환되면서 잠시 혼란을 느꼈으니 중·고등학생들의 경우에는 더 쉽지 않을 거라는 생각이 든다.

　온라인 수업을 하면서 가장 심각해진 건 중위권의 붕괴라고 한다. 상위권은 큰 동요 없이 그 자리를 지키지만 중·하위권은 무너지면서 학력 양극화가 심해지고 있다. 왜 이런 차이가 생길까. 차이를 가른 것은 '혼자서 공부하는 힘'에 있다고 생각한다. 상위권은 스스로 공부하는 자기주도학습 능력이 있지만, 중·하위권은 학교와 학원, 선생님의 관리하에 주어지는 학습 내용을 따라가는 것에 더 익숙하다.

　준비 기간 없이 갑작스럽게 닥친 변화에 모두 혼란스러울 것이다. 그러나 어쩌면 우리는 다시 과거와 같은 삶으로 돌아가지 못할 수도 있다. 어차피 주어진 상황에 적응해야 한다면 이 위기를 혼공 능력을 키울 기회로 삼아야 한다. 나도 중학교 3년간의 투병 생활이 굉장히 힘들었지만 상황에 적응하기 위해 혼자 공부하는 방법을 고민하며 나름의 방식을 정립하는 기회가 된 부분도 분명 있다. 외부 요건에 좌우되는 공부가 아니라 어떤 환경에서도 흔들리지 않는 공부의 힘을 만들어보는 것이다. 학년이 올라갈수록, 특히 상위권을 목표로 할수록 공부하려는 의지와 혼공 능력은 대단히 중요하다.

Q   "공부를 왜 해야 할까요?"

A   여러 가지 대답이 있겠지만 '공부는 내 미래를 위한 저축이기 때
문'이라고 말하고 싶습니다. 공부가 짜증스럽고 두렵다면 스스로
하는 말부터 바꿔보세요. 부정적인 에너지를 긍정적으로 변화시
킬 때 공부에도 발전이 있습니다.

공부를 왜 해야 하느냐는 질문을 받으면 쉽게 입이 떨어지지
않아서 뜸을 들이곤 했다. 시험 기간에도 놀다가 극약 처방으로
'엄마 친구 아들'인 나에게 일일 과외를 받게 된 한 중학생에게
이 질문을 받았을 때도 그랬다. 뻔하지 않은 말을 해주고 싶어
나름 고민을 하고 말하긴 했는데, 생각해보면 그 아이에겐 뻔한
대답이었을지도 모르겠다.

"형은 어릴 때부터 공부를 저축이라고 생각했어. 저축을 꾸준
히 하면 나중에 이자가 불어나 어느 시점에는 원금보다 많아지
기도 하잖아. 공부도 차곡차곡 쌓다 보면 실력이 어느 순간 배로
늘어나는 것을 느낄 수 있어. 그게 바로 네 미래에 대한 투자야.
놀고 싶고 하기 싫은 마음을 참고 공부하면 다음에 적금통장의

돈을 찾듯 더 나은 미래를 맞이하게 될 거야."

자신의 미래에 관심이 없는 사람은 없다. 공부해야 한다는 건 알고 있지만 시작하기 힘들고, 지금 당장 하기 귀찮고, 친구들과 놀거나 게임을 하고 싶은 마음이 커서 나도 모르게 자꾸 공부를 미루게 되는 것이다.

학생들은 공부가 내 미래를 위해 필요하다는 것에 대부분 동의하면서도 그 안에 부정적인 에너지를 담는 경우가 많다. 공부에 대해 물으면 하기 싫다, 지겹다는 말부터 대뜸 나온다. 만약 누군가 "난 할 만하고 재밌어"라고 얘기한다면? 관종 소리를 듣기 십상일 것이다. 공부가 재미있다는 것은 해가 서쪽에서 뜨는 것처럼 말도 안 되는 일이라고 생각하기 때문이다.

하기 싫은 일을 억지로 하는 것만큼 괴로운 것도 없다. 어차피 해야 한다면 공부에 대해 긍정적인 말을 하는 편이 현명하다고 생각한다. 말은 사람의 생각에 큰 영향을 미치기 때문이다. 예를 들어 부모님이나 친구에게 들었던 기분 나쁜 말을 떠올려보자.

"이 바보야" "이것도 못 해?" "넌 잘하는 게 대체 뭐니?" 같은, 나를 무시하는 말, 비난, 자존감을 깎는 말을 들으면 기분이 나빠진다. 반복적으로 그런 말을 들으면 나를 정말 그런 사람이라고 생각하게 되기도 한다. 반면 좋은 말을 들으면 우쭐해진다. 그냥 말일 뿐인데도 나를 똑똑하고 사랑스럽고 좋은 사람이라고 느끼게 만들어준다.

같은 이유로 공부에 대한 말도 바꿀 필요가 있다. 공부가 싫다, 공부가 재미없다는 말로 계속 암시를 주면 공부가 더 싫어진다. 대신 "생각보다 재미있네?"라며 자신을 격려한다면 부정적인 말을 할 때보다 좋은 결과를 얻을 수 있다.

아무래도 재밌다는 생각이 안 든다면 "그래도 할 만해" 또는 "잘하고 있어" 정도로 말해도 좋다. 정말 재미있고 할 만해서 그런 말을 하는 것이 아니다. 현재 내가 꼭 같이 가야만 하는 대상을 그런 존재로 만들고 싶은 것이다. 내 앞에 주어진 과제를 피하지 않고 마주하겠다는 결심, 요행에 기대기보단 어떻게든 내 힘으로 성취하겠다는 결심이기도 하다.

내가 싫어한다고 해서 내 앞에 놓인 시험이 사라지진 않는다. 불만 가득한 부정적인 마음으로 책상 앞에 앉아 있어봤자 능률이 오르지 않고 성과도 없다. 학생의 신분으로 정해진 시간을 책상 앞에서 보내야 한다면 차라리 게임을 대하듯 즐기는 마음을 가져보자. "생각보다 재미있네" "할 만하네" "너 지금 잘하고 있어" 하고 말하다 보면 공부에 대해 조금은 긍정적인 생각을 갖게 될 것이다.

2

'인강'은 최고의
과외 선생님

대학생이 되면 '출튀'를 해도
학교에서 집에 전화하지 않는다.
강의에 불성실하게 임해도 아무도 잔소리하거나 간섭하지 않는다.
그냥 나쁜 학점을 줘버린다.
공부와 그 결과는 어차피 내 몫이기 때문이다.
얼마 전까지만 해도 이런 책임감은 대학생들에게 요구되는 것이었는데,
요즘은 중·고등학생들도 이런 책임감이 필요해졌다.

아무도 하라는 사람이 없으니
더 해야만 했던 공부

중학교 1학년 첫 중간고사 결과가 나왔다. 국어, 영어, 수학, 사회, 과학, 기술가정, 도덕까지 총 일곱 과목을 봤고 내 평균 점수는 98.43이었다. 그때 내 목표는 올백이어서 시험을 치르고 성적표를 받는 날까지 초조했다. 분명 올백을 받은 친구들도 있을 텐데 내 성적은 어디쯤일까 너무 궁금했다. 성적표를 받을 때 선생님이 우리 반에서 전교 1, 2, 6, 7등이 나왔다고 말씀하셨다. 1등은 나였다. 심장이 쿵쾅쿵쾅 뛰었다.

성적이 나오기 전 기대하는 나에게 엄마는 말씀하셨다.

"열심히 공부한 거 알아. 그래도 너무 기대하지 말자."

그 말씀을 들으니 눈물이 났다. 병원에 가느라 조퇴만 많이 안 했어도, 수업만 다 들었어도 시험을 더 잘 볼 수 있었는데 싶었다. 엄마는 그것도 욕심이라고 하셨다. 가게에 가서 전교 1등 소식을 알려드리자 엄마 얼굴이 환해졌다.

성적표를 보니 '질병 결석 1일, 질병 조퇴 열네 번'이라고 적혀 있었다. 수업을 많이 빼먹어서 그걸 보충하느라 혼자서 열심히 공부했다. 앞으로는 몸 상태가 좋을 때 미리미리 공부를 더 저축해둬야겠다고 생각했다.

병원에 가는 날, 엄마가 기분이 좋아서 서울대병원 낮 병동 간호사 선생님, 약제실 선생님에게 커피를 사셨다. 선생님들도 날 볼 때마다 축하 인사를 해주셨다. 약제실 선생님들에게 서울대학교 굿즈도 선물로 받았다.

병원에 가는 날만 조퇴하고 평상시엔 수업을 들었는데, 계속 ANC 수치가 문제였다. 중간고사가 끝난 후 다시 ANC가 많이 떨어졌다. 힘이 없고 속이 울렁거리고 머리가 아팠다. 그럴 땐 말도 하기 싫었다. 선생님들은 내가 힘이 없어 보이는 데다 달리 수업 시간에 말도 없자 걱정을 많이 하셨다. 열이 많이 나서 한번은 엄마가 중간에 데리러 오신 적도 있다. 집에서 지켜보다가 심해지면 응급실로 가려고 했는데, 에어컨을 틀고 안정을 취한 덕분인지 차츰 안정됐다. 체온이 정상으로 돌아오고 나서 남은 수업을 위해 다시 학교로 갔다.

이처럼 나는 중학교 때 수시로 조퇴를 해야 했고 수학여행, 소풍 등도 못 갔다. 그렇다고 소외감을 느끼진 않았다. 상황을 아는 선생님과 친구들이 나를 배려하고 친절하게 대해주었기 때문이다. 힘든 청소도 하지 않았고, 수행평가가 힘들 땐 다른 것으로 대체해서 볼 수 있었다. 그 상황이 고마우면서도 불편하고 미안했다. 특히 1학년 때 담임선생님이 기억에 남는다. 반에 아픈 내가 있어서 여러 가지로 신경 쓰이고 힘드셨을 텐데도 많이 배려해주셨다. 내 사정에 대해서 반 친구들에게도 설명을 잘 해주셔서 아이들도 나를 많이 이해해줬다. 나만 청소 당번 같은 힘든 일에서 빠지는 것이 싫을 수도 있었을 텐데…. 생각하면 항상 고맙다.

이런 상황이다 보니 아무도 나에게 공부를 재촉하지 않았다. "힘들면 쉬어라" "무리하지 말아라"라고 할 뿐이었다. 그래서인지 오히려 내가 알아서 공부해야만 한다는 생각이 더 강해졌다. 공부를 하지 않으면 정말 아무것도 못하는 사람이 되어버릴 것만 같았다. 첫 시험에서 전교 1등을 했던 게 자극이 되기도 했다. 그 자리를 꼭 지키고 싶다는 생각이 컸다.

병원에 가거나 ANC 수치가 떨어져서 기운이 없어 공부하지 못할 땐 억울한 기분도 들었다. 내가 챙기지 않으면 아무도 내 공부를 대신 해주지 않는다는 것을 항상 되새겼다. 그러다 보니 '내 공부의 주인은 나'라는 마인드를 장착하게 됐다. 덕분에 병원과 학교를 왔다 갔다 하는 동안에도 흔들림 없이 공부해 나갈 수 있었던 것 같다.

📝 공부하기에 완벽한 때란 없다

　공부 잘하는 학생들의 공통점은 무엇일까? 반에서 공부 잘하는 아이들만 관찰해도 답을 얻을 수 있다. 보통 상위권 학생들은 수업 시간에 졸지 않고, 궁금한 건 반드시 짚고 넘어가고, 기출문제를 철저히 분석하고, 같은 실수를 두 번 하지 않으려고 노력한다. 개인차는 있지만 성적을 향상시키거나 유지하는 비결과 생활 태도에 많은 공통점이 있다.

　반대의 경우는 어떨까. 성적이 나쁜 학생에겐 공부할 수 없는 수많은 이유가 있다. 날씨가 더워서 공부에 집중이 안 된다, 오늘은 왠지 공부할 기분이 아니다, 스트레스로 위염이 도져서 시험을 망쳤다, 선생님이 나와 안 맞는다 등 갖가지 이유들을 한마디로 정리하면 '자기 합리화'일 것이다.

　내가 가장 많이 받은 질문 중 하나는 "몸이 아픈데 어떻게 공부할 수 있었어요?"였다. 대부분 나는 견딜 만했다고 대답했다. 힘들지 않았다면 거짓말이지만, 병을 내가 공부하지 않는 핑계로 만들고 싶지 않았다.

　공부할 마음이 없었다면 병은 좋은 핑곗거리가 되었을 것이다. 공부가 벅찰 땐 학교에 가지 않아도 되고, 시험을 못 봐도 부끄러움이 덜했을 것이고, 병 뒤에 숨어서 나의 게으름을 합리화할 수 있었다. 하지만 공부를 해야겠다고 마음먹은 후에는 병도 큰 문제가 되지 않았다. 그래서 ANC 수치가 떨어져서 쉬게 되더라도 상태가 안정되면 최대한의 집중력을 발휘해서 공부했다. 학교를 조퇴해서 듣지 못한 수업은 인강을 찾아서 들으며 보충했다.

　공부하기로 마음먹었다면 핑계를 대지도 말고 미루지도 말아야 한다. 나를 책상에서 멀어지게 할 수많은 핑곗거리들은 과감하게 물리쳐야 한다. 자기 합리화를 멈출 수 있는 사람은 나뿐이다. 공부하기에 완벽한 날은 사실 존재하지 않는다. 모든 것은 오직 마음에 달려 있다.

중학교 때 수능 준비
80%를 마치다

수능을 위한 빌드업을 시작한 중학교 때부터 인강은 본격적으로 나의 과외 선생님이자 학원이 되었다. 일단 수학은 오창영 선생님 강의로 초등학교 과정부터 고등학교까지 넓은 범위에 걸쳐 있는 내용을 가볍게나마 이미 접한 이후여서 본격적인 개념 강의가 낯설지 않았다. 수학과 영어를 가장 많이 들었고, 국어와 과학은 그보다 늦게 시작했다.

다행스럽게 중학교 때도 인강으로 수업 듣는 건 줄곧 재미있었다. 보다가 어려운 것은 몇 번씩 다시 들었다. 내가 원하는 만큼 반복해서 들을 수 있는 건 인강의 큰 장점이다. 처음에는 어렵고 이해되지 않는 내용도 몇 번 들으면 대부분 이해할 수 있었다. 당시에도 상위권 학생들은 대부분 선행 학습을 했다. 나처럼 인강을 들은 경우도 있었겠지만 대부분 학원에서 선행 학습을 하지 않았을까 싶다. 하지만 혼자 공부하는 데 익숙해진 나는 엠베스트 패스를 구입해 인강으로 선행을 했다.

내신 공부에도 인강을 활용했다. 미술, 기술가정, 음악, 체육까지 웬만한 건 다 인강으로 공부할 수 있었다. 병원에 가느라 수업에 빠졌을 때 특히 유용했다. 강의를 개별적으로 사야 했다면 그렇게 여러 가지를 듣지 못했을 것이다. 패스 덕분에 모든 강의를 자유롭게 이용할 수 있었다. 듣고 싶은 강의를 모두 담으면서 '이렇게 무제한으로 담으면 회사는 어떻게 돈을 버는 거지?' 하는 생각까지 했었다. 게다가 성적이 좋으면 장학금까지 주었으니 인강은 나에겐 여러모로 참 고마운 존재였다.

인강은 내 공부에 시종일관 큰 도움을 주었지만 가장 중요한 점은 자기주도학습의 기틀을 잡게 해준 것이었다. 수많은 인강 커리큘럼 중 필요한 강의를 고르려면 우선 내가 어떤 수준인지 알아야 하고, 어떤 강의가 내게 도움이 될지 알아야 한다. 그렇다 보니 내 공부에 대한 구체적인 계획을 스스로 짤 수밖에 없다.

난 중학교 때는 개념 위주 인강을 선택해 선행 학습을 했고,

고등학교 때는 이 기초를 바탕으로 고득점을 위한 문제 풀이 위주의 강의를 들었다. 중학교 때 수능 준비의 80%를 할 수 있었던 것은 모두 인강 덕분이다. 중학교 때 내 공부의 대부분은 인강을 통한 자기주도학습이었다. 보통 하루 5~6시간은 인강으로 공부했다.

인강을 들으면 학원을 왔다 갔다 하는 시간을 줄일 수 있고, 많은 학생들에 의해 실력이 검증된 이른바 '스타 강사'의 수업을 쉽게 들을 수 있다. 또 시간과 공간에 구애받지 않고, 내 수준에 맞는 강의를 들을 수 있으며, 얼마든지 반복해서 볼 수 있다. 하지만 모두 혼자서 해야 하기에 공부 의지, 자기 통제력, 집중력이 필요하다. 혼자 인강을 듣는 과정이 무척 지루할 수 있고, 자신이 제대로 하고 있는지 수시로 의구심이 들 수도 있다. 하지만 이 부분만 잘 컨트롤할 수 있다면 인강은 분명 최고의 자기주도학습 도구다.

📝 인강 고를 때 이것을 살피자

나의 목표와 수준에 맞는 강의 선택하기

먼저 왜 이 강의를 들으려고 하는지, 무엇을 얻고자 하는지 생각해야 한다. 그리고 내 목표와 수준에 맞는 강의를 선택해야 한다. 사이트에 들어가면 강좌 소개글과 후기가 있다. 나는 후기를 많이 참고했다. '하위권도 알아듣기 쉽게 설명하는 강의' '킬러 문제 공부에 최고'와 같은 생생한 후기들이 도움이 된다.

유명한 강사라도 이과냐 문과냐에 따라 평이 갈린다. 어떤 유명 수학 강사의 경우 이과 학생들은 잘 가르친다는 평을 많이 했지만, 문과 학생들 사이에선 너무 어렵다는 평이 많았다. 문과 학생에겐 좀 더 쉽게 가르치는 다른 선생님이 더 인기가 많았다. 똑같은 강의라도 학생의 수준에 따라 도움이 될 수도 있고 그렇지 않을 수도 있으니 후기와 강좌 소개를 잘 살펴봐야 한다. 하지만 나와 맞는지가 가장 중요하므로 미리보기를 통해 강의를 들어본 후 최종적으로 결정하는 것이 좋다.

나와 잘 맞는 선생님 선택하기

나는 선생님을 선택할 때 강의가 지루하지 않은 걸 중요하게 생각했다. 인강은 기본적으로 현강(현장 강의)만큼 집중도를 높이기 어렵기 때문에 지루하지 않은 게 굉장히 중요하다. 재밌는 이야기를 해주느냐 아니냐 이런 얘기가 아니다. 목소리 톤이나 말투가 지루하지 않아야 한다는 말이다. 아무리 뛰어난 선생님도 톤의 변화 없이 단조롭게 말한다면 강의를 듣다가 졸 수 있다. 알찬 수업 내용만큼이나 중요한 게 학생들이 집중력을 잃지 않도록 하는 것이다.

지루하지 않고 현장감이 살아 있는 강의

스튜디오 강의와는 달리 현강 녹화된 것을 보면 현장에 있는 학생들과 선생님 사이의 상호작용이 있다. 스튜디오 강의랑 현강 이미지가 굉장히 다른 선생님들도 많다. 스튜디오 버전이랑 현강 버전을 따로 찍는 선생님도 있다. 그래서 여러 가지 강의를 찾아보는 게 좋다. 나는 현강 녹화본이 더 재미있었다. 직접 가서 공부하는 느낌도 있고 재미있는 해프닝도 목격할 수 있다.

온라인 수업 환경
적응기

"김지명, 지금 뭐 해?"

주방 식탁에 앉아 책을 읽던 엄마의 목소리가 들려왔다. 중학교 때 나는 거실에서 공부를 했다. 방에 있으면 나도 모르게 딴짓을 하게 되기도 하고 졸리면 눕고 싶어졌다. 그래서 자진해서 거실로 공부 공간을 옮겼다.

"인강 듣는 중이었어요."

"근데 왜 손이 키보드 위에서 놀까? 우선 할 거 끝내고 놀아. 피곤하면 들어가서 자고 이따 해."

엄마 말씀이 맞았다. 이럴 때 한마디씩 해주시는 게 감사했다.

나는 슬쩍 게임을 끄고 다시 공부에 집중하기 위해 자세를 고쳐 잡았다.

어릴 때부터 학원에 가는 대신 인강을 보고 집에서 혼자 공부하는 게 익숙했던 나에게도 자기 통제는 줄곧 어려운 일이었다. 집에서 공부할 때 틈틈이 딴짓을 정말 많이 했다. 그래서 엄마가 집에 계실 땐 내가 공부하는 걸 지켜보며 주의를 주셨고, 그러면 확실히 딴짓을 덜했다. 하지만 통제보다 중요한 건 역시 마음가짐이다. 나는 내 스스로 한 약속과 목표가 있었기에 집중력을 잃었다가도 금방 마음을 다잡을 수 있었다.

학교나 학원에 가면 집에 있는 것보다 통제가 잘 이뤄질 거라 기대하지만 그것도 소규모 강의에나 해당되는 이야기이다. 대치동 유명 강의 같은 경우 현강 때 몇백 명이 참석한다. 그런 강의는 통제 부분에선 인강과 다를 바가 없다. 내 친구가 어느 스타 강사의 현강을 들었었는데 공부 안 하고 딴짓하는 애들이 그렇게 많았다고 한다. 앞자리 학생들은 열심히 집중하는 반면 뒷자리에선 뭘 해도 선생님 눈에 띄지 않는다. 실전 모의고사를 풀 때는 얼른 찍고 바로 자는 애들도 있었다고 한다.

이러한 점만 보아도 공부는 환경보다는 마음가짐에 달려 있음을 알 수 있다. 학교에 가든 온라인 수업을 듣든, 학원에 가든 인강을 듣든 성적은 마음을 어떻게 먹느냐에 따라 달라진다. 그래서 나는 병세가 좀 나아진 후에도 학원에 가는 대신 계속 인강으로 공부하기로 했다. 어차피 모든 것은 나에게 달려 있다 생각했기 때문이다. 그러면서 인강을 이용한 혼공 효율을 높여줄 나만의 전략을 짜기 시작했다.

인강 들을 때 집중이 안 된다면
- 거실에서 보는 등 불편한 환경을 적극적으로 만들어라

인강으로 디자인한
공부 루틴

인강을 그저 듣기만 하면 안 된다. 인강을 듣기만 한다고 공부가 되는 건 아니기 때문이다. 내용을 제대로 소화하기 위해서는 반드시 '예습 – 수업 듣기 – 복습'의 형태로 공부 루틴을 짜야 한다. 특히 요즘처럼 현강에 익숙한 학생들까지 온라인 수업에 적응해야만 하는 시기에 이 루틴의 중요성은 아무리 강조해도 지나치지 않다.

　나도 처음 인강을 보기 시작했던 초등학교 때는 그냥 재미로 동영상 보듯 봤다. 중학교 이후 본격적으로 공부를 시작하면서 인강 내용을 제대로 소화해야겠다는 생각을 했고 이후 인강 루틴을 만들게 되었다.

예습

아예 모르는 것을 배울 때보다 어느 정도 아는 내용일 때 수업이 수월하게 느껴지고 집중력도 확연하게 높아진다. 상위권 학생들일수록 예습하는 비율이 높다는 연구 결과도 있다. 단, 예습했기 때문에 잘 안다고 착각할 수 있다. 이걸 조심해야 한다. 예습은 수업에 대한 이해도를 높이고 흥미를 유발하기 위한 준비에 지나지 않는다. 혹시라도 예습을 했다는 이유로 오히려 수업 집중도가 떨어진다면, 이는 득보다 실이 많은 행동이다. 예습은 오늘 뭘 배우는지 쭉 한번 읽어보고, 이해가 잘 안 되는 부분을 체크해놓는 정도면 된다. 어떻게 예습했을 때 가장 수업에 집중이 잘되는지는 스스로 경험을 통해 알아가야 한다. 난 수학의 경우 수업에서 다룰 문제를 일단 내 방식대로 먼저 풀어보았다. 그래야 수업 때 선생님의 풀이 방식과 비교해 다른 부분을 알아차릴 수 있기 때문이다.

수업 듣기

대면 수업에선 학생들이 쉽게 질문을 할 수 있고, 선생님이 학생들의 집중도에 따라 강의 속도를 조절하기도 한다. 반면 온라인 수업에선 학생들의 상황이나 요구가 반영되기 어렵기 때문에 집중력이 더욱 요구된다. 수업을 잘 따라가지 못하고 필기를 빠르게 하기 어렵다면 선생님의 허락을 얻어 녹화를 하는 것도 방법이다. 내가 지금 고등학교에서 온라인 수업을 듣는다면 반드시 녹화를 했을 것이다.

나는 인강을 들을 때 따로 필기는 하지 않았다. 워낙 귀찮은 걸 싫어하는 성격이기도 했지만, 강의를 여러 번 들을 생각이었기 때문에 크게 필요성을 느끼진 않았다. (물론 학교 수업은 내신 시험이 있기에 반드시 필기를 했다.)

중학교 때 내가 썼던 방법을 이야기하자면, 국어는 비문학 강의 지문을 읽고 먼저 답을 고른 후 본 수업을 들으면서 '선생님은 답을 이렇게 찾는구나' 하면서 내 방식과 비교해보았다. 영어 작문 강의를 들을 때도 먼저 내가 작문을 해본 다음 얼마나 맞았나 확인했다. 상황에 대한 표현이 여러 가지라 똑같을 순 없었지만, 내 작문과 선생님의 것이 비슷할 땐 기분이 좋았다.

복습

예습을 하고 집중해서 수업을 듣는 것도 중요하지만 이것만으론 충분하지 않다. 가장 중요한 건 복습이다. 나의 기억력을 절대로 과신하지 말자. 수업을 들을 때는 모두 기억할 것 같아도 그날 저녁이면 벌써 많은 부분을 까먹는다. 내 경험상 수업을 1시간 듣는다면, 수업 내용을 내 것으로 만들기 위해서는 두 배 이상의 시간이 필요하다. 이 복습 시간에 내가 미리 공부한 내용과 선생님 설명 중 다른 부분을 확인한 후 그 부분을 확실하게 체화해 내 것으로 만들려 노력했다.

앞서 말했듯 나는 중학교 때 인강으로 고등학교 과정을 혼자 선행학습 했다. 상급 학년 과정을 습득하려면 복습을 특히 열심히 해야 했다. 수학 개념 강의의 경우 아예 모르는 것을 배우다 보니 예습을 할 수 없었고, 그만큼 복습이 중요했다. 그래서 강의를 듣고 나면 자료로 올라온 것을 프린트해서 연습 문제를 풀고, 그다음에 문제 풀이 강의를 듣는 식으로 개념이 얼마나 확실하게 잡혔는지 점검했다.

인강 활용 루틴
- 예습: 가볍게 내용 읽기
- 수업 듣기: 최대한 집중. 필기보다는 여러 번 듣기
- 복습: 문제 풀이 위주로

인강을 통해
'공부 능동태'의 틀을 잡다

일반적으로 학생들은 수업 중에 궁금한 게 있어도 질문을 잘 하지 않는다. 다른 사람들 앞에서 말하는 게 부끄럽거나, 혹시 바보 같은 질문이면 어쩌나 하는 걱정 때문이다. 또 시험 기간만 벼락치기를 하고 단순 암기식으로 공부를 해도 대충은 성적이 나와서 그 이상 내용을 확장해서 질문을 던질 필요성을 느끼지 못하기 때문일 수도 있다.

나도 그리 적극적인 학생은 아니었다. 질문할 때 모두의 이목이 쏠리는 게 불편했다. 하지만 그냥 넘어가면 내신 시험에 지장이 생길 수 있고 수업 후 스스로 찾아보는 것도 번거로워서 질문

시간이 주어지면 궁금한 건 질문하려고 노력했다. 이렇게 적극적으로 수업에 참여하면 배운 내용이 기억에 더 오래 남는 효과도 있다.

온라인 수업이 일반화된 요즘에는 수업을 적극적으로 듣는 게 더 어려워졌다. 예전에는 선생님, 친구들 눈치가 보여서 수업에 집중하는 척이라도 했는데 그럴 필요도 사라졌다. 카메라를 켜는 수업이 있고 그렇지 않은 수업도 있기 때문이다. 카메라를 켜는 수업에도 별의별 편법이 다 있다. 미리 자기가 모니터 앞에 앉아 있는 모습을 녹화해놓고 그것을 가상 배경으로 틀어놓는다. 또 수업에 집중하는 것처럼 보이지만 실제 모니터에는 다른 화면을 켜놓는 일도 아주 흔하다. 의지가 없는 학생에겐 이러한 현재의 학습 환경은 정말 치명적일 수 있다.

대학생이 되면 '출튀(출석 체크 후 도망가는 것)'를 해도 학교에서 집에 전화하지 않는다. 강의에 불성실하게 임해도 아무도 잔소리하거나 간섭하지 않는다. 그냥 나쁜 학점을 줘버린다. 결과는 어차피 자기 몫이기 때문이다. 얼마 전까지만 해도 이런 책임감은 대학생들에게 요구되는 것이었는데, 요즘은 중·고등학생들도 이런 책임감이 필요해졌다.

나는 인강을 들을 때 집중이 잘 안 되면 선생님이 내 앞에서 일대일 수업을 하고 있다고 상상했다. 선생님이 바로 앞에서 나만 보고 계시는데 어떻게 딴짓을 할까. 중요한 이야기를 하면 고개를 열심히 끄덕이고 "아~!" 하고 소리 내어 호응도 했다. 이때에도 중요한 건 마음가짐이다. 이 수업에서 꼭 뭔가 얻겠다는 결심이 바로 그것이다.

혼공할 때 가장 나쁜 것은 수동적인 자세다. 인강을 틀어놓기만 하면 된다고 생각하는 게 제일 안 좋은 마인드다. 앞에서 이야기한 대로 수업을 듣기 전엔 예습하고 그 후엔 복습을 해야 배운 것이 비로소 내 것이 된다.

내 경우 인강으로 개념 강의를 들을 때 예습을 하지 않았지만, 개념 이후 강의는 미리 선생님이 주신 수업 자료를 읽고 문제를 풀어보았다. 그리고 문제 풀이 강의를 들을 때는 무조건 먼저 풀어보고 수업을 들었다. 그래야 선생님의 풀이와 내 풀이를 비교해볼 수 있기 때문이다. 선생님의 풀이 방법이 더 빠르고 정확하다면 선생님 것을, 내 풀이 방법이 더 나에게 잘 맞는다면 내 것을 썼다. 이 두 가지를 융합해서 쓰는 방법이 있다. 이렇게 계속 피드백을 하다 보면 새로운 풀이가 나오기도 한다.

그리고 궁금한 점은 망설이지 말고 꼭 물어봐야 한다. 난 인강을 들을 때 Q&A 게시판을 적극적으로 활용해 모르는 걸 물어봤다. 특히 유명 강사 강의의 경우 조교 선생님들이 상시 대기하며 답변을 해줘서 궁금한 내용을 거의 24시간 내에 해결할 수 있었다. 온라인 수업에도 질문할 수 있는 시스템이 대부분 갖춰져 있다. 수업 중에 채팅으로 질문을 하거나 마이크를 켜고 질문을 하는 것은 대면 수업에서 질문하는 것에 비하면 덜 부끄럽다. 정말 부끄러운 건 모르면서 아는 척하는 거라고 생각한다. 내 공부에 도움이 되는 일이라면 부끄러워할 이유가 없다. 그리고 학생에게 질문받는 걸 싫어하는 선생님은 아직 만나지 못했다. 적극적으로 질문하고 도움을 청하자.

인강 들을 때 주의할 점
- 적극적인 자세로 듣기: 틀어놓기만 해서는 아무것도 안 됨. 선생님이 앞에 있는 것처럼 호응할 것
- 질문하기: 게시판 페이지 적극 활용

그동안 공부를 대하는 나의 자세는 어떠했는지 돌아보자. 많은 학생이 부모님과 선생님의 잔소리가 무서워서 책상에 앉곤 한다. 그리고 어떻게 하면 들키지 않고 더 놀 수 있을까 잔머리를 굴린다. 또 꾸준히 공부하기보다는 벼락치기를 하는 경우가 많다.

그렇다 보니 상당수의 학생이 온라인 수업을 하면서 자기주도학습을 처음 경험하게 된다. 처음엔 분명히 쉽지 않다. 그런데 한

번이라도 '그래, 해보자!' 하는 생각으로 수업을 듣고 문제집을 펴면 슬슬 집중되는 경험을 하는 것이다.

공부의 주인이 되면 생기는 가장 큰 변화는 점점 적극적으로 변한다는 것이다. '낮에는 집중력이 떨어지는 것 같으니 새벽에 일어나서 공부해 보자' '주말엔 TV 보느라 공부를 거의 못 하니까 이번 주엔 무조건 도서관에 가야겠다' '스터디를 한번 조직해 볼까?' 하는 식으로 내 스타일에 맞는 공부법에 대한 여러 가지 아이디어들도 샘솟는다.

부모님이 시켜서 할 때와 달리 이런 아이디어를 자발적으로 실천하면 기분과 실행력에서 큰 차이가 난다. 마음이 먼저 움직여야 행동에 추진력이 생긴다. 공부에 있어서 '능동태'가 될 때 성적뿐 아니라 인생의 많은 부분이 긍정적으로 변화한다.

📝 비대면 공부 환경 어플 활용법

혼자 공부하기 힘들면 공부 의지를 북돋는 시스템을 만드는 것도 현명한 방법이다. 요즘 같은 때 가장 아쉬운 건 함께 힘을 내줄 친구의 존재가 아닐까. 나는 고등학생 때 야자 시간에 반 아이들이 다 같이 공부했던 환경이 긴장감을 유지하는 데 큰 도움이 되었다. 학교에서 공부하는 게 좋았다. 집에서 공부하면 외롭기도 하고 끊임없이 스스로를 관리하고 격려해야 하기 때문이다. 요즘과 같은 환경에서 수능을 준비해야 했다면 나도 높은 점수를 얻는 게 더 어려웠을 거라 생각한다.

요즘 학생들은 이런 새로운 비대면 환경에서 공부에 도움이 될 만한 다양한 방법을 사용하고 있다. 타임랩스로 자신이 공부하는 것을 찍으며 집중력을 유지하고, 친구들과 서로 공부한 시간을 핸드폰 어플로 공유하는 모습을 TV에서 보았는데 아이디어가 좋다고 생각했다.

요즘 나는 게임할 때 사용하는 어플을 과 동기들과의 스터디에 활용하고 있다. 이 어플로 서로의 모니터를 라이브로 공유하면서 공부하는 모습을 지켜볼 수 있다. 덕분에 서로가 옆에 없어도 함께 공부하는 분위기를 조성할 수 있다. 딴짓을 하면 다른 사람 공부에 방해되는 걸 아니까 다시 집중력을 발휘하게 된다.

함께 스터디를 하다 보면 가끔 재밌는 일도 생긴다. 몇 시부터 몇 시까지 공부하고 휴식하기로 했는데, 정해진 시간이 되어도 아무도 자리에서 일어나지 않는 것이다. 공부에 집중하고 있는데 분위기를 깨는 건 아닌가 서로 눈치를 보다가 30분, 1시간이 훌쩍 넘어가기도 한다.

공부를 위한
환경 & 시간 관리법

. . . .

환경 관리

  책상 상태는 공부에 큰 영향을 미친다. 공부와 관련 없는 건 책상에 아예 올려놓지 말아야 한다. 어린 시절 나는 부산스러운 성격이라 책상 위에 뭘 올려두면 자꾸 한눈을 팔았다. 공부하다가 로봇을 조립하고, 공부하다가 만화도 봤다. 시험에 대한 부담이 크지 않은 중학생 때까진 좀 여유가 있을지 모르지만 고등학생이 되면 책상 관리가 정말 중요하다. 그래서 수험생이 된 이후엔 나를 유혹할 만한 것들은 책상에서 모두 치워버렸다. 피곤함을 무릅쓰고 겨우 책상 앞에 앉았는데 책상 정리를 잘 못 해서 집중력이 흐트러진다면 억울한 일이다.

핸드폰은 당연히 치워야 한다. 이외에도 주의를 끌 만한 것은 의도적으로 멀리 떨어뜨려놓는 것이 좋다. 집에서 공부할 때 집중이 잘 안 된다면 책상부터 점검해보자.

이런 경우도 있다. 방에 책상과 침대가 함께 있다 보니 조금만 피곤해도 누워버리는 것이다. 그리고 누우면 잠이 든다. 이럴 때는 거실에서 공부하는 것도 도움이 된다. 공부하겠다고 거실까지 점령했는데 딴짓을 한다면 가족들 보기에 창피한 일이다. 누가 언제 나를 볼지 모른다고 생각하면 확실히 주변을 의식해서 더 공부에 집중하게 된다.

나는 어릴 때부터 거실에서 공부했다. 그게 습관이 되다 보니 칸막이가 설치된 도서관에서는 답답해서 공부가 안 됐다. 거실에서 공부하면 집중력을 잃을 때마다 나에게 주의를 줄 외부적 통제 요인을 만들 수 있다는 점에서 좋았다.

부모님이 자녀에게 거실에서 공부하라고 하거나, 방문을 열어놓고 공부하게 하는 경우도 있을 것이다. 내가 먼저 자발적으로 그렇게 하기로 했다면 좋았겠지만, 부모님이 그런 선택을 하셨다고 해도 짜증을 낼 이유는 없다. 처음엔 불편해도 그로 인해 집중력이 생긴다면 내게 큰 도움이 될 것이다. 물론 그런 환경이 감시처럼 느껴져 공부에 오히려 방해가 된다면 진지하게 부모님과 상의하자. (그래서 이런 환경을 만들기 전에 부모와 자녀가 꼭 미리 대화를 나눠야 한다.) 하지만 고등학생 정도면 이런 환경은 감시의 개념이 아니라 나의 공부에 도움을 주는 하나의 장치일 뿐임을 이해할 만큼 정신적으로 성숙한 나이라고 생각한다.

고3 때 담임선생님은 일찍 퇴근하지 않고 항상 야자 시간에 함께 계셨고, 핸드폰도 전부 압수하셨다. 당시엔 모두 그걸 싫어했다. 반발하는 친구들도 많았다. 하지만 졸업한 후엔 다들 담임선생님이 아니었다면 공부를 열심히 안 했을 거라고 이야기했다. 적당한 통제는 더 나은 결과를 내는 데 도움이 된다.

집 외에 다른 곳에서 공부하는 방법도 있다. 혼자 있으면 공부가 더 안 되는 사람도 있다. 또 집 근처에서 공사를 해서 시끄럽고, TV 소리가 크게 나고, 동생들이 어려서 공부에 방해가 될 수 있다. 그럴 땐 도서관이나 독서실을 이용하자. 다만 친구들과 어울려 다니는 건 주의해야 한다.

. . . .
시간 관리

코로나 이후 학교에 가는 날이 줄어들면서 학생들 스스로 운용해야 하는 시간이 늘어났다. 학업 성취도는 이 시간을 어떻게 관리하느냐에 달려 있다. 시간을 주도적으로 관리하기란 생각보다 어렵다. 나도 대학에서 처음 비대면 수업을 시작하던 무렵엔 게을러졌다. 더 이상 수험생이 아니고 공부가 빡빡하지 않은 예과생인 데다 학교도 가지 않으니 긴장감이 사라졌다. 하지만 본과 1학년이 된 이후부터는 긴장감을 가지고 공부해야 했다. 그래서 규칙을 세웠다.

'매일 정해놓은 분량의 공부는 꼭 채우고 그 이후에 자유 시간을 갖자.'

실습이 없는 날은 집에서 그날 치 수업을 듣고, 실습이 있는 날은 학교에 다녀왔다. 그리고 남은 시간엔 필요한 과목을 자유롭게 공부했다. 해부학 공부를 하다가 잘 안 풀리면 그냥 생리학으로 넘어가는 식이었다. 가끔은 9시에 생각한 분량이 끝나기도 하고 11시에 끝나기도 했다. 그날그날 필요한 공부를 마무리하면 그 외 시간에는 잠을 자든 게임을 하든 내가 하고 싶은 걸 했다. 나는 이렇게 하루를 시간 단위로 촘촘하게 설정하지 않고, 큰 계획 아래 유동적으로 관리했다. 한 가지 철칙은 공부하는 시간 동안에는 게임이나 취미 생활을 절대 하지 않는 것이다.

시간 관리에 관해선 사실 나는 조심스러운 입장이다. 왜냐하면 나는 계획을 짜지 않기 때문이다. 중·고등학교 시절에도 계획표 없이 그때그때 필요한 공부를 했다. 다만 시간을 허투루 보내기 않으려고 노력은 했다. 고등학교 때 친구가 내게 하루에 어떤 과목을 몇 시간 동안 공부하는지 물어본 적이 있었는데, 시간 단위 계획을 짜지 않다 보니 기대했던 대답을 해주지 못했다.

하루를 시간 단위로 나누고 세부적인 공부 계획을 짜는 것이 잘 맞거나 익숙한 사람들은 그렇게 해도 된다. 내 경우에는 '특정 과목을 일정 시간 공부하겠다' 같은 계획은 실천하지 못할 가능성이 크다고 생각했다. 그래서 그날 그날 공부할 대상을 선택했다. 수학 모의고사 풀기, 수동태 복습하기, 고전 시가 두 개 분석하기 등 큼직한 목표를 단위로 계획을 세우고 공부를 시작했다. 나는 이런 방식이 막연하게 시간 단위의 계획을 세울 때보다 능률적으로 공부하는 데 도움이 되었다.

공부 시간을 관리하는 기준은 크게 두 가지인데, 첫째는 수업 외의 남는 시간은 부족한 과목 공부하기, 둘째는 공부 시간과 노는 시간 구분하기이다.

그날 몫의 수업이 끝나면 부족한 과목을 공부했다. 공부 계획은 일주일, 한 달 단위로 짜도 좋고, 시험 성적을 기준으로 짜도 좋다. 이렇게 큰 틀을 잡아놓고 어떤 과목을 공부할지는 그날의 상황과 컨디션에 맡기는 것이다. 과학을 하다가 지겨우면 국어로 넘어가고, 오늘 하기로 한 수학이 생각보다 빨리 끝나면 다른 과목을 공부할 수 있다. 그리고 내가 설정한 분량을 집중해서 끝냈다면 그 이후엔 자유 시간을 확실하게 누린다.

나는 1분 1초를 아껴가며 사는 사람은 아니지만 시간을 효과적으로 쓰려고는 노력했다. 이도 저도 아닌 상태로 멍하니 있기보다는 할 일을 후딱 해치우고 놀려고 했다. 또 공부한 것을 장기 기억으로 남기기 위해 되도록 바로 복습을 했다. 지금 복습하면 1시간만 들여도 되지만, 나중에 하면 몇 배의 시간이 필요하기 때문이다. 공부에 탄력을 받으면 중간에 끊지 않고 계속하고, 하기 싫은 과목은 좋아하는 과목과 번갈아 하며 집중력을 끌어올렸다.

내 하루 시간을 학원이나 교재에서 짜준 계획에 맡기지 말고 주도적으로 운용하는 것이 중요하다. 이런 식으로 공부하면 나에게 잘 맞는 방식으로 효율적으로 시간을 쓸 수 있고, 공부 자존감을 높이는 데도 긍정적 효과를 미친다.

✍ 아무리 유혹이 와도 공부 루틴은 반드시 지켜라

공부하다 보면 우리는 내부의 적과 외부의 적을 만난다. '수업만 들으면 됐지 예습 복습은 뭐하러 해' '어차피 선생님이 앞에 있는 것도 아닌데 멍때 려도 괜찮아' '정해진 시간표대로 책상에 앉아 있었으면 공부한 거지'와 같은 마음은 혼공에 방해가 되는 '내부의 유혹'이다. 언제라도 손에 닿는 위치에 있는 핸드폰, 신경을 긁는 바깥의 소음, 5분만 얘기하자면서 불러내는 친구 등은 '외부의 유혹'이다.

혼공 능력을 키우고 성공을 거두기 위해선 공부 루틴을 실천할 때 끼어 드는 각종 유혹에 단호하고 현명하게 대처해야 한다. '닥치고 공부한다'는 마음가짐으로 핸드폰은 눈앞에서 치워야 하고, 친구로 인해 자꾸 시간을 뺏긴다면 이야기하는 횟수를 줄이는 방식으로 현명하게 대처해야 한다. 물론 처음에는 어색하고 견디기 어렵다. 하지만 좋은 것도 나쁜 것도 습관이 되면 그 이후에는 크게 어렵지 않다. 이런 과정 속에서 우리는 공부의 주인으로서 확실한 위치를 다질 수 있다.

수능 대비 골든타임
중3 겨울방학 활용법

중학교는 사실상 대입을 준비하는 과정이다. 상위권을 목표로 한다면 더욱 그렇다. 중학교 때 기초를 탄탄하게 다져야 고등학교 올라가서 수월하게 공부할 수 있다. 그런데 중학교 3년 동안 놀기만 했다면? 아마 중3 겨울방학이 되면 꽤나 큰 부담감을 느낄 것이다. 이런 소리들이 주변에서 들려오기 때문이다.

"중3 겨울방학은 향후 대입 결과를 가르는 중요한 시기다."

"중학교와 고등학교 공부 수준은 하늘과 땅 차이다."

그래서 중3 겨울방학 때 부랴부랴 고등학교 과정을 공부하는 친구들이 많다. 하지만 기초가 부족한 채로 선행을 하는 것은,

수학 3점짜리 문제도 틀리는 실력인데 4점짜리와 킬러 문제를 푸느라 애쓰는 것과 다름없다. 기초를 다지면 3점 문제를 해결할 수 있고 그 실력을 바탕으로 4점 문제도 풀 수 있는데 순서가 잘못된 셈이다.

그러므로 중학교 과정을 복습하는 것이 어설픈 선행보다 훨씬 효과적이다. 한 가지 위로가 될 만한 사실은 큰 그림에서 보면 중학교 때와 고등학교 때의 공부는 크게 다르지 않다는 점이다. 즉, 복습하는 것이 곧 예습이 되는 부분이 분명히 존재한다. 이미 배운 내용을 다시 공부한다고 해서 자존심 상할 필요 없다. 지난 스텝을 다시 차곡차곡 밟는 것이 곧 고등학교 과정을 준비하는 것이 되기 때문이다.

공부에 어려움을 겪고 있는 고등학생도 마찬가지다. 조바심은 공부에 아무런 도움이 되지 않는다. 기초가 부족하지만 고등학교 때 열심히 해서 좋은 대학을 간 친구도 있고, 고3 때 바짝 공부해서 정시로 원하는 대학에 간 친구들도 있다. 3년은 긴 시간이다. 또 1년도 자신의 노력 여하에 따라서 얼마든지 많은 것을 이룰 수 있는 시간이다.

····
국어 - 복습이 아닌 예습한다는 생각으로

문학에서 자주 나오는 어휘나 개념, 시나 소설의 기초 지식을 공부하는 것이 좋다. 중학교 국어는 고전 시가를 빼고는 고등학교 것과 같다. 문법도 중학교 때 배운 것을 고등학교 때 확장하는 수준이다. 그러므로 중학교 과정을 복습하는 걸로도 고등학교 과정 예습을 할 수 있다. 수학은 중학교 과정을 모르면 고등학교 과정을 해낼 수 없지만 국어는 어느 정도 같은 선상에 있으므로 반대로 바로 고등학교 교재를 미리 보는 것도 큰 무리는 없다.

참고로 나는 중학교 때 고등 인강 과정을 미리 구입해 고전 시가 읽는 법과 고전 시가에 나오는 단어 등을 공부했다. 그리고 15종의 문학 교과서에 실린 작품들을 모두 모아 작품을 해설해주는 강의를 들었다. 이렇게 미리 지문을 읽어둔 덕분에 고등학교 때 아는 지문이 많이 나와서 편했다. 기초가 어느 정도 잡힌 학생들은 고전 시가를 미리 읽고 가면 공부에 도움이 될 것이다.

····
수학 - 개념 챙기기

수학은 기초가 가장 중요한 과목이다. 중학교 수준의 개념을 완벽하게 숙지해야 고등학교 수업에서 어려움을 겪지 않는다. 중학교 문제집을 하나 골라 목차를 훑어보자. 만약 뭘 배웠는지 모르겠다 싶은 단원이 있다면 그 부분을 모를 확률이 크다. 먼저 그런 단원의 문제를 풀어보면서 내가 모르는 것이 무엇인지 확실하게 체크한다. 그리고 부족한 부분의 개념부터 착실히 다진 다음 문제 풀이로 넘어가자. 만일 중학교 때 본 시험지를 모아 뒀다면 거기서 틀린 문제를 한번 쭉 풀어보는 것도 좋다.

수능의 경우 문제 난이도에 따라 배점이 다르다. 2~3점짜리 문제는 개념 문제라서 개념을 알면 쉽게 풀 수 있다. 4점짜리 문제는 어려운 응용문제다 보니 개념을 완벽하게 알아도 응용력이나 문제 풀이 스킬이 없으면 풀기 어렵다. 나도 중학교 때 인강을 통해 고등학교 수학 선행을 했을 때 3점 문제까지는 그럭저럭 풀었지만 4점짜리는 풀지 못했다.

수학은 단계적으로 내용을 쌓아가는 과목이므로 중간에 개념 하나만 무너져도 전체가 흔들리게 되어 이후 공부하는 데 어려움을 겪을 수 있다. 그러므로 자신의 수준을 점검해보고 기초가 조금이라도 부족하다 판단되면 선행을 하기보단 쉬운 개념을 먼저 잡고 가는 게 중요하다. 중학교에서 배운 개념만 확실하게 잡혀 있어도 이후 고등학교 수학 공부를 하는 데 큰 도움이 된다.

영어 ─ 범용성 있는 문법, 단어 공부

영어도 국어처럼 중학교와 고등학교 공부가 크게 다르지 않다. 그러니 영어 역시 뒤처졌다고 걱정하지 말고 중학교 때 배운 내용을 정리해보는 것이 복습이자 예습이라고 생각하면 된다. 영어에서 필요한 것은 문법, 단어, 문장 해석 능력이다.

문법

범용성 있는 기본 문법을 공부하자. 수능을 치른 경험에 비추어볼 때 간접화법, 직접화법처럼 복잡한 문법은 잘 나오지 않는다. 그보다는 동사 뒤에 's'를 붙이느냐 마느냐의 수 일치 문제, 주어와 동사를 찾는 문장구조 파악 문제, 동사가 와야 하거나 동사가 올 수 없는 자리를 판별하는 문제 등 기본적인 문법으로 풀 수 있는 문제들이 더 많이 나온다. 중학교 문법이랑 고등학교 문법은 차이가 거의 없다. 있다면 내용이 더 심화되고 시험을 볼 때 일부러 낚시 요소를 넣는다는 것이다. 대부분의 수능 문법 문제는 중학교 수준으로도 풀 수 있으니 괜히 어렵게 생각할 필요 없다.

단어

기초가 없다면 중학생용 단어집을, 중학교 때 공부를 했다면 고등학생용 단어집을 외우면 된다. 너무 어려운 단어까지 다 외우느라 힘 빼지 말고 내신 시험에 필요한 단어, 수능 필수 단어처럼 시험에 꼭 필요하고 최적화된 단어를 외우자.

문장 해석

문장성분과 형식 등 기초적인 지식을 근거로 문장을 파악하는 연습을 하자. 전체 문장에서 주어와 동사를 정확하게 찾은 후 나머지 문장성분(목적어, 목적보어, 수식어, 관계대명사절 등)을 구분하는 능력을 키우는 것이 중요하다. 너무 어려운 것을 하려고 하지 말고 기초적이고 짧은 것부터 시작하면 된다.

📝 수능 인강 듣는 순서

중학교 때부터 혼자 수능 인강을 들었는데, 딱히 힘들거나 하진 않았다. 그때 들었던 수능 관련 수업들은 기초 단계라 많이 어렵지 않았기 때문이다. 개념을 알면 크게 어렵지 않게 풀 수 있는 2~3점 정도 난이도의 문제들이어서 막히는 부분은 별로 없었다. 이전 개념을 다 알고 있으면 다음 걸 이해하는 건 어렵지 않으며, 한 번에 이해가 안 되더라도 몇 번 반복해 들으면 대부분 이해할 수 있다. '아무리 들어도 모르겠다' 하는 건 없었다.

중학교 때 선행으로 어느 정도 개념 강의를 들었기 때문에 고등학교 때부터는 기초 강의가 아닌 중간 수준 강의부터 보기 시작했다. 그런 수업에도 개념 설명이 나오긴 하니까 중간중간 개념 점검도 할 수 있었다. 그리고 더 난이도 높은 문제를 공략하기 위해 문제 푸는 스킬 위주로 강의를 들었다.

이런 식으로 중학교 때 수능 준비의 80%가량을 진행하고 고등학교 때는 나머지 20%를 채우는 느낌으로 공부를 해 나갔다. 나 혼자서 계획을 세워 공부했기에 가능한 일이었다. 그래서 친구들보다 공부하기 수월하긴 했다. 덕분에 고1 3월 학력 평가부터 국영수에서 고루 좋은 성적을 받았다. 그러나 나도 나머지 20%를 채우는 게 많이 어려웠다. 원래 0에서 80까지 가는 것보다 80에서 100으로 가는 게 더 어렵지 않은가.

Q   "선생님과 안 맞아서 너무 힘든데 어쩌죠?"

A   선생님과의 합도 중요하지만, 그보다 더 중요한 건 자신의 태도입니다.

학생들에게 부모님 다음으로 영향을 끼치는 존재는 선생님이다. 선생님 말씀 한마디에 기분이 좋아지고, 선생님이 좋으면 그 과목도 좋아진다. 선생님이 내 인사를 못 보고 지나치시거나 다른 학생들에게만 웃어주시면 은근히 마음에 상처를 받기도 한다. 선생님이 나를 차별하거나 싫어한다는 생각만큼 괴로운 것도 없다. 이렇게 초등학교, 중학교 땐 선생님과 얼마나 친밀한가가 중요하다면, 고등학생에겐 선생님의 능력이 가장 중요해진다. 잘 가르치느냐 아니냐로 선생님을 평가하는 것이다.

내가 다닌 고등학교는 자기주도학습 특성화 학교라 자율학습을 해야 해서 학원에 다니는 아이들이 많지 않았다. 하지만 외부 수업을 들을 수 있는 수요일과 주말을 이용해 학원에 가는 아이들도 있었다. 근처 학원에 잘 가르친다고 소문난 선생님이 있었기 때문이다. 그런데 똑같은 선생님에게 배운 아이들 사이에서도 선생님에 대한 평가는 엇갈렸다.

공부에 있어서 선생님의 역할이 중요하다는 데 적극적으로 동의한다. 선생님과 학생 사이에도 궁합이란 것이 있어서 이게 잘 맞으면 시너지 효과를 낼 수 있다. 어떤 선생님이 가르치느냐에 따라 그 과목이 좋아지거나 싫어진다.

학원이나 인강의 경우 나와 잘 맞는 선생님을 자유롭게 선택할 수 있는 반면, 학교 선생님은 내가 선택할 수 없다는 것이 문제다. 하지만 못 가르친다고 정평이 나 있는 선생님의 수업에도 분명히 배울 점은 있다고 생각한다. 그 과목에 대해선 분명 나보다 훨씬 더 많이 아는 분이니 말이다. 선생님도 사람이라 능력의 편차가 있고 수업 방식에 차이가 있지만 확실한 건 우리보다 더 긴 시간 공부한 분이란 거다. 선생님의 수업 방식이 내 성향에 맞지 않더라도 그 안에서 알맹이를 뽑아내는 건 나의 몫이다.

내 성적이 안 좋은 것에 대해 선생님 핑계를 대는 건 정말 바보 같은 짓이다. 공부를 잘하려면 주어진 상황을 받아들여야 한다. '공부는 어차피 내가 하는 것'이란 생각으로 그 수업을 내 것으로 만들 방법을 찾아야 한다. 배우겠다는 마음가짐을 갖는다면 어떤 상황에서도 배울 수 있다.

3

혼공을 성과로 연결한
나의 공부 마인드

나는 공부를 매일 해야 할 숙제가 아닌,
성취감을 느끼게 하는 도구로 바라보려고 했다.
그래서 '오늘 할 분량'을 계획하는 대신 '오늘 해낸 분량'을 기록했다.
플래너를 써보기도 했지만 잠깐 써보고는 그만두었다.
얽매이는 게 싫었고, 써놓고 다 안 하면 기분이 좋지 않았다.
그리고 계획을 짜는 것에 너무 시간을 쓰는 것도 비효율적이라는
생각이 들었다.

전교 1등으로
입학했습니다만?

초등학교 6학년 겨울부터 시작된 항암 치료의 강도가 단계적으로 약해져서 중학교 3학년 때는 드디어 유지 기간에 접어들었다. 멈춰 있던 키도 자라기 시작했다. 그리고 내 성격은 조금 변했다. 전교에서 나 혼자 마스크를 쓰고 다녀야 했기 때문일까. 투병 생활이 고생스러웠기 때문일까. 아니면 그냥 나이를 먹어서일까. 활발했던 나는 어느새 조용한 아이가 되어 있었다.

나는 중학교 첫 시험에서 1등으로 시작해 1등으로 졸업했다. 욕심 많은 사람처럼 보일 수도 있겠지만, 1등이라는 타이틀을 유지하고 싶어서 컨디션이 안 좋은 상황에서도 열심히 공부했다.

시험마다 타이틀 방어전을 치르는 마음으로 임했고, 두 번을 제외하곤 그 자리를 지킬 수 있었다.

중학교 때부터 나의 공부 파트너는 줄곧 인강이었다. 몸이 아픈 이유도 있었지만 인강이 잘 맞아서 굳이 학원에 갈 필요성을 못 느꼈다. 먼저 인강으로 공부한 다음 모의고사 기출문제로 내 수준을 확인하는 작업을 꾸준하게 했다.

강의를 듣는 것은 별로 힘들지 않았는데 모의고사 문제를 푸는 건 어려워서 싫었다. 하지만 그 과정에서 부족한 부분을 알고 실력을 보완했고, 그 덕에 수능 준비를 꽤 많이 하고서 고등학교에 진학할 수 있었다.

모의고사 풀 때 가장 많이 틀린 과목은 영어였다. 영어는 빈칸 추론까지 공부했지만 나에겐 참 어려웠다. 그래서 문제를 푸는 것도, 틀린 걸 확인하는 것도 짜증스러웠다. 수학은 어려운 4점 문제를 푸는 데 굉장히 시간이 많이 걸렸다. 그땐 어려운 4점 문제까지 빠르게 풀 수 있는 수준이 되지 않았지만 그래도 시도하는 데 의의가 있다고 생각했다.

자사고인 선덕고등학교에 입학하고 제일 먼저 달라진 건 등교 시간이었다. 셔틀버스를 타려면 7시 무렵 집을 나서야 했고 야간 자율학습을 마치고 집에 돌아오면 밤 11시였다. 처음 몇 주간은 학교생활에 적응하느라 피곤해서 집에 오면 아무것도 못 하고 씻고 자기 바빴다.

입학하고 한동안 나는 관심의 대상이었다. 우선 외모 때문에 그랬을 것이다. 짧게 자른 머리가 동자승 같기도 하고, 훈련소에 입소한 군인 같기도 했으니 말이다. 그리고 머리가 짧은 이유가 백혈병 때문이란 사실에 친구들은 또 놀랐다. 그런 내가 배치고사 전교 1등으로 입학하고 신입생 대표로 생활신조 복창도 했으니 친구들이 관심을 가졌을 만하다. 그러다 첫 내신 시험인 중간고사에서 나는 1등 타이틀을 즉시 반납했다. 나의 등수는 뒤로 열 계단 물러난 11등이었다.

수학 55점, 영어 3등급, 자퇴를 고민하다

돌아보면 고등학교 내내 나의 가장 큰 스트레스는 내신 시험이었다. 시험이 쉽게 나와도 문제고 어렵게 나와도 문제였다. 어렵게 나오면 등급 컷 예상이 안 되고, 쉽게 나오면 다 맞은 게 아닌 이상 불안했다. 내신 시험을 싫어했던 이유는 내가 한 만큼 성적이 안 나왔기 때문이다.

  내신과 수능은 분명한 차이가 있다. 내신은 미리 범위가 정해져 있고 객관적 사실보다는 필기한 내용과 암기가 주가 되는데, 이런 유형의 시험이 나와 잘 맞지 않았다. 그리고 50분 안에 많은 문제를 푸는 것도 어려웠다. 고2 1학기 중간고사에선 수학에서 55점을 받기도 했다. 고1 첫 내신 시험에서 전교 11등을 하면서 이미 '나도 이곳에서 살아남기 힘들겠구나' 싶은 생각이 들었다. 자사고다 보니 중학교에서 1~2등 하던 아이들이 많았기 때문에 이곳에선 내가 늘 1등이 아니라는 것은 이미 받아들이고 있었지만 55점은 솔직히 충격이었다. 그동안 한 번도 받아본 적 없는 점수였기 때문이다.

사실 고등학교 배치 고사를 볼 때부터 우리 학교 수학 시험이 내겐 어려웠다. 50분 동안 풀 수 있는 수준이 아니라고 느꼈다. 20문제 중 열일곱 문제만 풀고 세 문제는 답이 안 나와서 내 풀이에 가까운 숫자를 답으로 찍으면서 '앞으로 심화 문제를 더 연습해야 하나?' 생각했었다. 그런데 입학하고 난 이후의 시험은 난이도가 훨씬 높았다.

55점을 받았던 시험에선 처음부터 막히다 보니 정신적으로 흔들렸고, 실수를 줄줄이 해서 쉬운 문제도 틀렸다. 당시 수학 전체 평균이 52점이긴 했지만 그동안 쭉 수학 성적이 좋았던 터라 위기감이 느껴졌다.

바로 대학 진학이 걱정되었다. 수시와 정시 중 하나는 공략해야 했다. 내신 성적은 별로지만 모의고사에 강한 사람도 있고, 그 반대의 경우도 있다. 나는 중학생 때부터 수능 준비를 해서 정시파에 가까웠지만 사람 일은 어떻게 될지 모르므로 수시를 위해서 내신 성적도 소홀히 할 수 없었다.

그런데 이대로라면 수시로는 원하는 대학에 가기 어려울 것 같았다. 엄마도 내가 공부를 잘한다고 쭉 생각해오셨기에 내 점수에 좀 놀라신 듯했다. 고2 중간고사에서 수학과 함께 영어에서도 기대에 못 미치는 점수를 받자 내 자신감은 크게 떨어졌다. 엄마는 걱정이 되셨는지 차라리 자퇴를 하고 집에서 혼자 정시 준비만 하는 게 낫지 않겠냐는 얘기까지 하셨다.

여러 과목이 날 힘들게 했지만 가장 애를 먹인 건 영어다. 지문에 7~8개의 밑줄을 치고 그중 어법상 틀린 문장의 개수를 고르는 문제가 있었는데, 그걸 맞히려면 시험 범위에 해당하는 지문들을 거의 다 외우다시피 해야 했다. 영어 실력이 좋은 친구들은 그냥 보기만 해도 맞힐 수 있을지도 모르지만, 내 실력은 그정도는 안 됐다. 그 문제를 맞히기 위해 지문을 다 외우는 건 시간이 아까웠다. 그래서 그 문제는 그냥 틀리겠다고 마음먹었다. 이렇게 내신은 어느 정도 현실을 고려해서 타협했다.

수학 역시 시간 부족과 실수 등으로 좋은 결과를 얻은 적이 별로 없었다. 속상하게도 수학 선행을 하지 않은 친구들보다 내 점수가 더 낮았다. 그래서 나의 선행 학습에 문제가 있나 되짚어보기도 했다. 선행의 가장 큰 문제점은 어설프게 알면서 스스로의 실력을 과신하는 것이다. 요즘은 기하와 벡터를 공부하는 초등학생도 있다. 하지만 웬만큼 깊이 학습하지 않으면 어차피 어려운 문제는 풀 수 없다. 내가 중학교 때 선행을 하면서 수능 모의고사를 풀 때 수학 4점 문제는 못 풀었던 것과 같은 맥락이다. 선행을 할 때는 아는 것에서 그치지 않고 정말 내 것이 될 때까지 공부해야 한다. 나는 중학교 때 모의고사로 내 실력을 점검하며 이 사실을 이미 깨달았다. 여러 요소를 차분히 돌아보았지만 그동안 내가 공부를 잘못해왔다는 생각은 들지 않았다. 하지만 내신에서 실력이 발휘되지 않으니 성적표를 받을 때마다 실망할 수밖에 없었다.

나의 멘탈을 차츰 회복시킨 것은 수능 모의평가다. 고1 3월 모의평가에서 국영수 100점을 비롯해 모든 과목에서 좋은 성적을 받았고, 내신 수학을 55점 받았던 고2 때도 모의평가에서는 좋은 성적을 얻었다. 나는 내신 성적으로는 입학할 때 본 시험 이후로 다시는 1등을 하지 못했지만, 수능 모의고사는 고등학교 3년 내내 거의 1등을 유지했다.

이런 과정을 통해 내가 내신 수학처럼 짧은 시간에 타임 어택 방식(시간 압박이 커서 문제를 빠른 속도로 푸는 게 중요한 타입)으로 문제를 푸는 것에는 약하다는 걸 파악하게 되었다. 이후로는 내신 성적에 대해선 약간 체념하게 되었다. 모의평가에선 확실히 다른 친구들보다 앞서고 내 기량을 발휘한다는 확신이 생기고 나선 내신에서 만족스러운 점수를 받지 못해도 크게 실망하지 않고 '난 수능으로 성과를 내겠다'는 생각으로 페이스를 지킬 수 있었다.

내신 슬럼프 극복법
- 내가 잘하는 것과 약한 것을 파악하고 스스로에 대한 확신을 갖는 것이 중요
- 내신에 약한 것을 인정하고 할 수 있는 범위까지만 목표 설정

📝 시험 외에 내 실력을 검증할 방법을 찾자

　나는 고1 첫 중간고사에서 만족스럽지 않은 성적을 받아 실망했지만 모의평가로 자신감을 회복했다. 내 실력을 검증할 수단이 내신 시험 하나였다면 '그동안의 노력이 아무 소용 없었구나' 하고 슬럼프에 빠졌을지도 모른다. 이때 검증 수단을 다양화하는 게 중요하다는 걸 다시 한 번 절감했다. 그래서 고등학교 땐 혼자 수능 실전 모의고사를 자주 풀면서 공부가 진척되는 정도를 확인했고, 그 덕분에 공식적인 시험에서 성적이 잘 나오지 않더라도 흔들리지 않았다.

　내가 얼마나 성장했는지를 시험이 아닌 다른 수단으로 확인하고 싶다면, 기출문제로 테스트를 해보는 것도 도움이 된다. 이미 풀었던 문제를 다시 푸는 것도 효과적이다. 전에 풀었을 땐 70점이었는데 다시 풀어보니 점수가 올랐다든가, 전보다 푸는 속도가 빨라졌다든가, 처음과는 다른 방법으로 문제 풀이에 접근하게 됐다면 분명 그만큼 발전한 거다. 이런 과정을 통해 실력을 확인해두면 가끔 실수하거나 헷갈리는 문제가 나와서 성적이 좀 떨어져도 흔들림 없이 멘탈을 유지하며 공부할 수 있다.

'계획' 대신
'성취'를 기록하다

아침에 집중이 잘되는 사람이 있고, 밤에 집중력이 올라가는 사람이 있다. 노트에 쓰면서 외우는 게 더 기억에 잘 남는 사람도 있고, 입으로 읽는 게 더 효율적인 사람도 있다. 특정 과목에 효과적인 공부 방법이 무엇인지에 대해서도 의견이 하나로 모이지 않는다. 이렇게 공부법은 천차만별이지만, 좋은 성적을 받고 원하는 대학에 입학한 학생에겐 예외 없이 적용되는 공통점이 있다. 바로 꾸준함이다. '작심삼일'이라는 말이 있듯 결심은 생각보다 금방 허물어진다. 그러므로 뭔가 꾸준히 한다는 건 지치고 포기하고 싶은 순간을 이겨내고 동기부여를 하며 끊임없이 마음을 다잡고 있다는 뜻이기도 하다. 이 꾸준함을 유지하는 것이 성공적으로 수험 생활을 해내는 핵심이라고 생각한다. 그리고 나는 그 원동력을 바로 '성취감'에서 찾았다.

경시대회에서 상을 받거나 내신 등급이 올라가면 확실한 성취감을 느낄 수 있다. 하지만 이건 가끔만 확인 가능한 보상이며, 이런 성취감은 수험 생활 동안 몇 번 찾아오지 않을 수 있다. 그래서 너무 큰 목표만 바라보기보다는 성취감을 주는 작은 일들을 매일 하는 게 공부에 더 효과적이라고 생각한다.

'오늘 계획한 분량을 다 못 할 줄 알았는데 해냈다' '지난번 기출 풀 땐 4점짜리 문제는 다 틀렸는데 이번엔 하나 맞았어' '강의 세 번 들었더니 드디어 이해됐다!'

계획을 실행했다는 뿌듯함, 내 공부가 발전했다는 기쁨, 오늘 하루를 보람차게 보냈다는 성취감 등이 긴 수험 생활 동안 나를 지치지 않고 공부하게 만들어주었다.

수능 만점자가 된 이후 공부 계획을 어떻게 짰는지에 대한 질문을 많이 받았다. 대답하기 어려운 질문 중 하나였다. 앞서 말했듯 나는 계획표를 짜지 않고 공부하는 스타일이었기 때문이다. 나도 처음에는 계획을 짜려고 시도해보긴 했다. 그런데 몇 번 해보니 내겐 별 도움이 안 된다는 느낌이 들었다. 나는 공부를 하다가 중간에 기분이 바뀌어서 다른 과목으로 넘어가고 싶을 때가 많았다. 모의고사를 풀 때는 만족스러운 점수가 나올 때까지 한 과목 문제만 계속 풀기도 했다. 30분 분량의 과탐 모의고사를 네 개 연속해서 푼 적도 있다. 이렇게 상황에 따라 공부하는 스타일이라 시간표를 짜놓으면 오히려 효율이 떨어졌다.

물론 시간표가 강제적인 자기 관리 시스템이 될 수는 있다. 그런데 계획대로 실행할 수 있느냐가 문제다. 시간표를 미리 짜놨는데 현재 내 공부 상황과 안 맞을 수도 있고, 지키지 못했을 땐 죄책감을 느끼게 된다. 나는 그런 점이 싫었다.

나는 공부를 매일 해야 할 숙제가 아닌, 성취감을 느끼게 하는 도구로 바라보려고 했다. 그래서 시간표를 만들어 남들처럼 '오늘 할 분량'을 쓰는 대신 '오늘 해낸 분량'을 기록했다. 플래너를 써보기도 했지만 잠깐 써보고는 그만두었다. 얽매이는 게 싫었고, 계획대로 다 안 되면 기분이 좋지 않았다. 그리고 계획을 짜는 것에 너무 시간을 쓰는 것도 비효율적이라는 생각이 들었다.

똑같이 공부해도 그것을 어떻게 다루느냐에 따라 기분이 180도 달라진다. 공부한 것을 기록하다 보면 '오늘 하루도 열심히 살았다' 하는 생각에 뿌듯하고 기분이 좋았다. 그리고 공부한 문제집과 모의고사가 하나하나 쌓일 때마다 내 실력이 성장하고 있음을 느꼈다.

수능 이후 한 유튜버가 '수능 만점자의 공부량'이라고 해서 내가 고3 때 공부한 교재들을 소개했다. 내가 '수만휘' 카페 서면 인터뷰에 첨부했던 내용이었다. 친구가 알려줘서 보게 되었는데 댓글이 꽤 많이 달려 있었다. 칭찬 댓글에 물론 기분이 좋았지만 내가 그 정도로 대단한 사람은 아니란 생각이 들어 좀 부끄럽기도 했다. 영상에서 5분간 내가 공부한 것을 쭉 보여줬는데, '내가 저렇게 많은 분량을 공부했나' 싶었다. 한자 1급을 따기까지 공부한 178권의 스케치북을 바라보며 뿌듯함을 느꼈던 어린 시절의 기억도 새삼 떠올랐다.

아, 5분간 나온 분량의 문제집과 모의고사 리스트를 내가 인터뷰 답변지에 옮기는 데 걸린 시간은 어느 정도였을까? 3초다. 메모장에 하나도 빼놓지 않고 기록해둔 것을 그대로 '컨트롤+C' '컨트롤+V' 했기 때문이다.

공부하는 동안 우리는 자신을 칭찬하는 데 인색하다. 오히려 성적이 오르지 않는다고 자신의 노력을 무시하고 몰아붙이는 데 익숙하다. 그러다 보면 점점 공부할 마음이 사라진다. 고등학교 3년 동안 나를 가장 가까이에서 격려할 수 있는 건 바로 나 자신이다. 학원이나 외부 도움 없이 혼자 공부한 나의 경우에는 특히나 더 그랬다. 스스로를 칭찬하는 방법 중 하나는 이렇게 작은 성취들을 기록하는 것이다.

나는 오늘 하루 공부한 것, 몇 번이나 복습한 문제집의 이름을 메모장에 쓰는 것이 게임 퀘스트를 깨는 것처럼 즐거웠다. 이런 성취의 기록들이 쌓이다 보면 동기부여가 되고 자신감도 얻을 수 있다. 성취감은 긴 수험 생활 동안 꾸준히 공부하는 힘이 된다. 그리고 꾸준함이 있을 때 비록 느리더라도 절대 되돌아가지 않고 목표한 지점에 다다를 수 있다.

📝 고3 때 공부한 교재 리스트

'수만휘' 카페에 올렸었던, 내가 고3 때 공부한 수능 교재 리스트이다.

국어

- 자이스토리 1등급 고난도 모의고사 국어
- 수능특강 문학 (2019)
- 수능특강 독서 (2019) (맨 앞의 주관식 문제는 풀지 않았음)
- 수능특강 화법/작문/문법(2019) (작문 부분 일부는 풀지 않았음)
- 수능완성 국어 (2019) (화/작/문 부분 일부는 풀지 않았음)
- 수능의 7대 함정 국어
- 수능연계완성 4주 특강 국어
- 마더텅 수능대비 문학
- 마더텅 수능대비 화법과 작문
- EBS 파이널 실전모의고사 국어
- 문법의 원리 수능국어문법 240제
- 바탕 모의고사 1~10회
- 본바탕 모의고사 Vol.1~Vol.20
- 자이프리미엄 고난도 문학 (사관/경찰대 기출 부분만 풀었음)
- LEET 기출(2011, 2012, 2013, 2019)
- 자이스토리 최강적중 모의고사 국어영역
- EBS 시크릿 X 모의고사 국어 (시크릿 45제는 풀지 않았음)
- EBS 만점마무리 모의고사 국어

수학

- 미래로 기하와 벡터
- 미래로 확률과 통계
- 수능특강 기하와 벡터 (2019)
- 수능특강 기하와 벡터 (2019)
- 수능특강 미적분II (2019)
- 수능연계완성 4주 특강 수학 가형
- 수능완성 수학 가형 (2019)
- Synapse 기하와 벡터
- Synapse 미적분II
- 너희들의 기출문제 기하와 벡터
- 마약 N제 기하와 벡터
- 마약 N제 미적분II
- 기출의 고백 미적분II
- EBS 파이널 실전모의고사 수학 가형
- 규토 N제 (미적분I, 미적분II 부분만)
- EBS 만점마무리 모의고사 수학 가형
- EBS 시크릿 X 모의고사 수학 가형 (시크릿 27제는 풀지 않았음)
- 샤인미 인피니티 111제 ('썩은물' 일부는 못 풀었음)
- 2018 이해원 모의고사 Evolution 0~3회
- 2018 이해원 모의고사 Remaster 0~3회
- 2018 샤인미 Limited Edition 1~5회
- 2019 샤인미 Remastered 1~5회 + 부록 샤인미 58제
- 2019 시대인재 서바이벌 온라인 수학 가형 0~4회차

- 2019 제헌이 S 모의고사
- 포카칩 N제 수학 가형
- FiM 미적분I, 미적분II 모두
- FiM 기하와 벡터 (일부만 풀었음)
- 기대 모의고사 수학 가형
- Hidden Kice 모의고사 수학 가형

영어
- 수능특강 영어 (2019)
- 수능특강 영어독해연습 (2019)
- 수능특강 영어듣기 (2019)
- 수능완성 영어 (2019)
- 씨리얼 영어영역 독해 실전편
- 수능연계완성 4주 특강 영어
- EBS 시크릿 X 모의고사 영어 (시크릿 30제는 풀지 않았음)

한국사
- 수능특강 한국사 (2019)
- EBS 파이널 실전모의고사 한국사

화학I
- 미래로 화학I
- 마더텅 수능대비 화학I
- 마더텅 수능기출모의고사 화학I

- SIMUL 화학I
- 수능의 7대 함정 화학I
- 수능특강 화학I (2019)
- 수능완성 화학I (2019)
- 수능완성 화학I (2018)
- 백브라더스 실전문제 화학I
- 백브라더스 실전문제 화학I 숙제교재
- CHEMI – OPTIMA 화학I 최적화 N제
- EBS 파이널 실전모의고사 화학I
- 2019학년도 Summer 모의고사 화학I
- EBS 만점마무리 화학I
- TIME BRAVO 화학I 모의고사
- Chiral 모의고사 화학I (1~3회만 풀었음)
- 이카루스 – 델타 화학I 모의고사
- 2019 시대인재 서바이벌 온라인 화학I 0~4회차

생명과학II
- 마더텅 수능대비 생명과학II
- 자이스토리 생명과학II 2회
- 수능특강 생명과학II (2019)
- 수능완성 생명과학II (2019)
- 수능특강 생명과학II (2018)
- 수능완성 생명과학II (2018)
- 백브라더스 실전문제 생명과학II 500제

- UAA 모의고사 시즌 1
- UAA 모의고사 시즌 2
- UAA N제 (1~9회만 풀었음)
- 백브라더스 모의고사 시즌 1 생명과학Ⅱ
- 백브라더스 모의고사 시즌 2 생명과학Ⅱ
- 백호 생명과학Ⅱ FINAL 100제 (일부분만 풀었음)
- 2019 시대인재 서바이벌 온라인 생명과학Ⅱ 0~4회차

내 수준을 냉정하게 파악할 수 있다면
절반은 성공이다

공부의 성과를 얻으려면 '내 수준이 어느 정도인가'부터 파악해야 한다. 그래야 나에게 딱 맞는 공부를 할 수 있다. 내 수준보다 어려운 것을 공부하면 자괴감을 느낄 수 있고, 너무 쉬운 것만 공부하면 발전이 없다. 혼자 공부하는 나는 기출문제를 풀어보면서 내 수준을 파악했다.

수학을 예로 들자면 3점 문제에서 막히면 기초가 부족한 것이다. 4점 문제도 쉬운 4점에서 어려움을 느낀다면 기초가 완전하지 않다고 보아야 한다. 기초가 탄탄할 경우 뒷부분 4점 문제 빼고는 시간이 걸리더라도 막히진 않는다. 나도 처음 선행을 할 때는 3, 4점 문제에서 시간이 오래 걸렸다. 그러다 고등학교 진학 후 개념을 여러 번 확실하게 다졌더니 그때부터 4점 문제도 잘 풀렸다.

우리는 시험 결과를 이야기할 때 몰라서가 아니라 실수로 틀렸다는 말을 종종 한다. 하지만 과연 그게 다 실수였을까? 사람은 누구나 자기 자신을 합리화하는 경향이 있다. 나도 대학 와서 전공 기출문제를 풀다가 틀린 답을 고르면 '아는 건데 실수했다. 내가 몰라서 틀린 게 아니야' 생각할 때가 많았다. 하지만 '실수도 실력'이라는 말이 있다. 수험생일 때는 듣기 싫었는데 이제는 맞는 말이라고 생각한다. 결국은 충분히 이해하고 있지 못했던 것이다.

집안일을 도와주는 인공지능 로봇을 예로 들어보자. 로봇에게는 집안일에 필요한 기술이 프로그래밍되어 있어서 못 하는 게 없다. 그런데 자주 오작동을 일으킨다면 소비자의 선택을 받지 못한다. 프로그래밍된 능력을 얼마나 정확하게 발휘하느냐가 성능과 직결되기 때문이다. 공부도 마찬가지다. 머릿속에 많은 지식이 들어 있어도 필요한 순간 제대로 출력하지 못하고 실수한다면, 진짜 실력이라고 말할 수 없다.

부족한 점을 인정해야 발전이 있다. 모르는 걸 다시 보고 점검한다고 손해 보는 것이 있을까? 시간이 좀 걸릴 뿐 결국 실력이 더욱 탄탄해진다. 공부를 성과로 연결하려면 일단 내 상태를 인정하는 마인드가 필요하다. 특히 기초가 부족한 학생들에게 모르는 건 부끄러운 게 아니라고 말해주고 싶다. 정말 부끄러운 건 알면서도 고치지 않는 것, 그리고 부족한지 깨닫지조차 못하는 것이다.

많은 학생이 고등학교에 진학한 후 기초가 부족해서 당황한다. 이제부터 공부 좀 해보려니 모르는 것 천지다. 고등학교 가면 그때부터 공부하면 되겠지 하는 생각으로 중학교 때까지 놀았기 때문이다. 그런데 엄밀히 말해 고등학교 때 완전히 새로운 걸 배우는 게 아니다. 고등학교 공부는 중학교 때 배운 기초를 심화하는 형태고 겹치는 부분도 많다. 예를 들어 고1 생명과학I과 중3 과학은 겹치는 내용이 매우 많다.

가끔 아는 동생들 공부를 봐줄 때가 있는데, 고1 학생 하나가 자꾸 수학 3점 문제에서 막혔다. 나는 뭐가 부족한지 한눈에 보였다. 바로 개념이다. 그래서 방학 때 다른 것 하지 말고 중학교 수학을 다시 점검해보면 앞으로 공부에 도움이 될 거라고 말해주었다. 다행히 그 학생은 내 말을 흘려듣지 않았다. 방학 때 기초를 탄탄히 다진 덕분에 이후 수학 성적이 많이 올랐다.

고등학생에게 중학교 과정을 복습하라면 반감을 느낄 수 있다. 나만 뒤처지는 게 아닌가 불안하기도 하고, 부끄럽기도 할 것이다. 자존심이 상한다면 집에서 공부하면 된다. 방학을 이용해 공부해도 좋다. 기초를 다지는 작업을 해두지 않으면 수업을 들을 때 계속 아리송할 것이고 고2, 고3으로 올라갈수록 이런 느낌은 더 강해진다.

고등학교 학습 내용이 어려울 때
- 반드시 중학교 과정부터 복습할 것
- 교재는 쉬운 개념서(ex. 교과서) 활용

기초를 다지려면 우선 설명이 잘되어 있는 쉬운 개념서부터 봐야 한다. 그런 점에서 교과서는 최고의 개념서다. 괜히 교과서를 정독하라는 말이 있는 게 아니다. 수능도 5종 교과서의 집합에서 문제가 나오므로, 교과서와 쉬운 개념서를 활용해 기초를 다지는 것이 좋다. 중학교 과정 인강을 듣는 것도 도움이 된다.

예과 2학년 때 물리화학 강의를 들었다. 그런데 기초 지식이 없다 보니 수업을 따라가기 힘들었다. 양자물리학에 대해 들을 땐 몇몇 부분에서 나사가 빠진 느낌이라 재미가 있으면서도 이해가 안 돼서 답답했다. 전공 수업이 아니라 많은 시간을 할애할 수 없었지만, 시간과 기회가 더 있었다면 기초부터 다시 공부했을 거다.

우리는 기초의 중요성을 놓치고 살 때가 많다. 공부할 때 특히 그렇다. 기초를 배우는 건 지루하고 따분해서 바로 문제 풀이로 넘어가고 싶어 한다. 하지만 기초가 없는 상태에서 진도만 나가는 것은, 파도가 한 번 쓸고 지나가면 사라지고 말 모래성을 쌓는 것과 다를 바 없다.

'연습'이 아닌 '반복'에
집중하다

고2 때 수능 국어 비문학 기출문제를 풀다가 갑자기 난이도가 확 높아졌다고 느낀 적이 있다. 그동안 답을 찾아온 방식이 통하지 않았고, 어떻게 풀어야 할지 난감했다. 왜 틀렸는지 해설지를 봐도 완벽하게 이해가 되지 않았다. 중학교 때 선행한 고1, 2 문제와 달리 수능 문제는 확실히 어려웠다.

그때부터 문제를 꼼꼼하게 분석하고 지문에서 근거를 찾는 연습을 시작했다. 어려운 국어 비문학 지문을 접하면 처음엔 답이 잘 보이지 않는다. 독해력이 떨어지거나 정보를 찾아내는 능력이 부족해서다. 그래서 답을 넘겨짚게 된다. 수능에서는 무조건 확실한 근거를 바탕으로 답을 추론하도록 문제가 출제된다. 지문을 반복해서 보다 보면 처음엔 보이지 않던 근거들이 눈에 들어온다.

수학 역시 반복이 중요한 과목이다. 그런데 학생들은 틀린 문제를 반복해서 보기보다는 문제를 많이 푸는 것에 집중한다. 중학교 때까진 이렇게만 해도 성적이 어느 정도 나온다. 하지만 고등학교 수학은 푼 문제 개수를 늘리는 것만으로 성적을 올리기 어렵다. 개념을 여러 가지 유형으로 만든 문제가 출제되기 때문에 개념에 대한 이해가 확실하게 되어 있지 않으면 같은 문제를 계속 틀리게 된다. 이 지점에서 '수포자'가 생겨난다.

개념을 배우고 적용하는 데는 반복이 필수다. 수학은 기억해야 하는 개념이 많으므로 한 번 보는 것은 안 본 것과 다름없다. 틀린 문제는 최소 세 번 이상 다시 보며 그 안에 어떤 개념이 적용되어 있는지 분석해야 한다. 이렇게 확실히 공부해둬야 다음 번에 비슷한 문제를 또 틀리지 않는다.

나에게도 반복은 굉장히 중요했다. 공부를 내 것으로 만드는 방법은 반복뿐이다. 한 번 공부한 것을 두 번 보면 훨씬 이해가 잘된다. 처음엔 무심히 흘려버리거나 이해되지 않았던 것의 의미도 알게 된다. 그리고 문제도 반복해서 풀면 '이 문제는 개념을 이렇게 응용하고 있구나' 하고 깨닫게 된다. 이렇게 반복으로 새로운 눈이 열리면 공부가 훨씬 재밌어진다. 만약 계속 뭔가를 붙잡고는 있는데도 실력이 늘지 않는다면 반복의 중요성을 잊고 있진 않은지 돌아보자.

연구에 의하면 우리의 기억력은 시간의 제곱에 반비례한다고 한다. 공부하고서 10분만 지나도 벌써 망각이 시작된다. 오늘 공부한 것이 며칠 후 기억나지 않는 것은 우리 뇌가 만들어내는 아주 자연스러운 현상이다. 그러니 공부한 것을 잊어버렸다고 자신을 탓할 필요는 없다. 10분 이내, 하루 이내, 일주일 이내, 한 달 이내로 반복하면 기억력은 점점 상승하여 공부한 내용 중 많은 부분이 장기 기억으로 남는다. 그리고 한 번 봤을 때는 절대 보이지 않던 것들이 보인다. 라틴 속담 중 "연습이 완벽을 만든다"라는 말이 있다. 나는 여기서 단어 하나만 바꿔 "반복이 완벽을 만든다"라고 말하고 싶다.

스마트폰과 PC 게임은
깔끔하게 포기한다

고등학교 들어갔을 때 친구들 사이에서 나의 첫 이미지는 '머리가 짧고 병력도 있는 약간 특이한 전교 1등'이었다고 한다. 그래서인지 친구들은 내가 어떤 문제집을 보는지, 하루에 공부는 얼마나 하는지 유독 관심이 많았던 것 같다. 그런데 얼마 안 가 내 이미지는 '게임 덕후'로 바뀌게 되었다.

"너도 게임해?"

어느 날 반 친구가 물어보았다. 나는 당시 인기가 많은 모바일 게임을 하던 참이라 그 게임 캐릭터를 SNS 프로필로 해두었는데 같은 게임을 하고 있었던 친구가 그걸 알아보고 물어본 것이다. 이후 우린 점심시간에 함께 게임을 하곤 했다. 그걸 본 다른 친구들은 전교 1등으로 들어온 애라 공부만 할 줄 알았는데 게임을 해서 놀랐다고 했다.

그 당시 내 머릿속은 공부, 내신, 게임, 이 세 가지가 대부분을 차지하고 있었다. 솔직히 고백하면, 1학년 땐 그중 게임이 가장 큰 비중을 차지했었다. 야자 시간에 가끔 화장실에 가서 게임을 하기도 했다. 내가 화장실에 간다고 하면 친구들은 "쟤 게임하러 가네" 했다. 그날 해야겠다고 마음먹은 공부를 끝내면 가장 먼저 게임을 했고, 밤을 꼬박 새운 날도 있었다. 내가 이런 이야기까지 하는 것은 게임을 하면서도 공부를 잘 할 수 있다고 말하려는 게 아니다. 요즘 학생들 공부에 가장 방해가 되는 것이 게임이다. 나도 게임 때문에 꽤 고생을 했고 비슷한 고민을 했다는 걸 알려주고 싶어서 이 얘기를 하는 것이다.

게임을 하면서도 '절대 컴퓨터로 하는 게임은 하지 않는다'는 원칙만은 꼭 지켰다. 내가 중학교 때 온라인 배틀 게임인 '리그 오브 레전드'가 한창 유행이었다. 학교에 가면 다들 게임 이야기를 했고, 나도 친구들과의 대화에 끼고 싶었다. 그런데 어느 날 엄마가 아주 진지하게 이야기하셨다.

"핸드폰 게임은 시간을 정해서 해도 괜찮지만 절대 컴퓨터 게임은 하지 마. 정 하고 싶으면 수능 끝나고 마음껏 해."

게임에 빠져서 며칠씩 밖에 나오지 않는 사람들 이야기를 뉴스로 보고 걱정이 되신 모양이었다. 엄마 말을 잘 들어서라기보단 그때는 몸이 아프기도 했고, 핸드폰 게임만으로 충분히 만족하고 있었기 때문에 크게 관심을 두지 않았다. 그리고 고등학교에 입학하면서 공부에 전념하기 위해 스마트폰을 폴더폰으로 바꾸었다.

그러나 게임을 끊겠다는 결심은 그리 오래가지 않았다. 친구가 빌려준 공기계로 몰래 게임을 다시 시작했다. 학교에선 당연히 게임을 하는 것이 금지돼 있었다. 하지만 선생님들도 학생들이 몰래 핸드폰이나 태블릿으로 게임을 한다는 걸 알고 계셨을 것이다. 그렇다고 게임을 금지하는 것이 아무 소용 없는 일이었을까? 나는 게임 금지가 공부하는 데 어느 정도 도움이 된다고 생각한다. 아무 제약이 없는 상태에선 눈치 보지 않고 게임을 하겠지만, 제약이 있는 상태에선 몰래 조금씩만 하고 다시 공부하려고 애쓸 수밖에 없기 때문이다.

내가 게임을 끊게 된 결정적인 계기가 있었다. 고3 6월이었다. 공부할 것이 많아져서 고1, 2 때에 비하면 확연히 게임하는 빈도가 줄었지만, 그래도 휴식 시간이 주어지면 조금씩 게임을 하곤 했다. 6월 모의평가가 끝난 직후 오랜만에 신나게 게임을 하다가

늦게 잠이 들었다.

그런데 아침에 눈을 떠보니 게임을 하던 공기계가 온데간데없이 사라졌다. 이불을 뒤적이고 침대 밑을 살펴봐도 안 보였다. 잠결에 누가 방에 들어온 것 같았는데 아무래도 엄마가 가져가신 듯했다. 이불은 파란색이고 공기계는 하얀색이라 아마 쉽게 눈에 띄었을 것이다.

엄마도 나도 그 일에 대해 서로 말하지 않았다. 나는 엄마가 공기계를 집안 어딘가에 두셨을 거라고 예상했다. 그래서 엄마가 출근한 후 집안 이곳저곳을 찾아보았고 드디어 주방 서랍 깊숙한 곳에서 발견했다. 게임을 조금 하고 다시 가져다 놓았는데, 며칠 뒤 공기계가 다시 사라졌다. 아무래도 엄마가 눈치채신 듯했다. 이후 며칠 동안 엄마가 안 계실 때마다 주방 찬장, 욕실, 장롱 등을 열심히 뒤졌지만 못 찾았다. 그러다 어느 순간 갑자기 현타가 오면서 내 자신이 한심하다는 생각이 들었다.

'공부할 시간도 부족한 시기에 엄마가 감춘 공기계 찾으려고 집이나 뒤지고 지금 뭐 하는 거냐?'

그래서 공기계 찾기를 포기하고 공부에만 집중하기로 했다. 그렇게 엄마와 나의 보이지 않는 숨바꼭질도 끝이 났다. 가끔 게임 생각이 났지만 '이제 얼마 안 남았다' 하는 생각으로 꾹 참았다. 게임을 하는 것도 하나의 습관이라 일주일 정도 인내심을 가졌더니 더는 생각이 안 났다. 게임을 끊은 후 잠을 푹 자서 컨디션이 좋아졌고, 공부에 더욱 탄력이 붙었다.

게임을 내 의지로 끊는 게 가능할까? 내 대답은 "No"다. 그건 정말 어려운 일이다. 내가 게임의 무서운 중독성에 대해 제대로 느끼게 된 건 대학교에 입학한 이후의 일이다. 예과 1학년 11월 경 처음으로 PC 게임을 접했는데 딱 하루 해보고 이런 생각이 확 들었다.

'아, 이건 정말 진학하는 대학을 바꿀 만큼 강력하다.'

실제로 PC 게임은 이후 내 공부에 극적인 영향을 미쳤다. 예를 들어 분자생화학과 대사생화학 과목은 예과 1학년 중간고사 때 나름대로 높은 점수를 받았기 때문에 그 정도 공부량만 유지했다면 좋은 학점을 받을 수 있었다. 그런데 게임을 시작하고 나서 본 기말고사에서 두 과목의 성적이 바닥을 쳤다. 우리 학교 의대는 예과 성적이 이후 본과 과정에 반영되지 않기에 망정이지 정말 큰일 날 뻔했다. 그런데 수능 수험생이 이 게임을 한다면? 결과는 불 보듯 뻔하다. 만약 내가 고등학교 때 이 게임을 했다면 서울대 의예과에 김지명이란 이름은 없었을지도 모른다. 이건 과장이 아니라 진짜다.

요즘엔 온라인 수업을 하느라 계속 컴퓨터 앞에 있는 일이 많아서 자꾸 게임에 접속하고 싶은 유혹을 느낀다. 해본 사람은 알 겠지만 '게임 조금만 하고 공부하면 되겠지' 하는 생각이 안 통한다. 1시간이 2시간 되고 그러다 보면 하루 종일 게임만 하게 된다. 나도 그랬다. 본과 1학년 개강을 앞두고 있을 때, 학교에서 '골학' OT를 하고 시험을 보게 됐다. 성적 반영은 안 되지만 그래도 점수를 낮게 받고 싶진 않아서 이틀 동안 게임을 끊었다. 그때 정말 하루에도 몇 번씩 컴퓨터를 켜고 싶은 충동을 느꼈다.

과외를 하는 학생 컴퓨터에 그 게임이 깔려 있는 걸 보고 한마디 했다.

"원하는 대학 가려면 당장 이 게임 삭제해."

지금 이 책을 보는 학생들에게도 말하고 싶다. 아예 시작을 하지 말길 바란다. 공부 선배로서 진지하게 하는 충고다.

코로나 이후 중위권이 붕괴되었다는 말이 괜히 나오는 게 아니다. 상위권 학생들은 스스로 공부하는 습관이 있어서 선생님의 개입 없이도 자발적으로 공부하며 큰 위기 없이 성적을 유지한다. 반면 혼자 공부하는 습관이 되어 있지 않은 중·하위권 학생들은 생활 습관이 무너지면서 덩달아 성적도 떨어진다. 이제 싫든 좋든 이런 환경에 적응하고 나만의 절제 시스템을 만들어야 하는 상황이다. 적어도 수험 기간만이라도 게임이나 유튜브 동영상에 대한 인식을 바꿔야 한다.

대부분의 수험생들은 공부에 방해된다는 이유로는 전자 기기를 아예 없애거나 전자 기기 사용 시간을 줄이려고 한다. 그런데 사용 시간을 줄이는 건 크게 효과가 없다. 전자 기기를 휴식이자 보상의 도구로 여기게 되기 때문이다.

나만 해도 중간중간 휴식이 필요할 때 핸드폰으로 게임을 했다. 또 그날 하루 공부를 열심히 했으면 보상으로 1시간 정도 게임을 허락했다. 그러나 이렇게 '잠깐만 유튜브 좀 보자' '게임 30분만 하자' 'TV 잠깐만 보자' 하다 보면 그날 공부 전체를 망칠 수 있다. 전자 기기를 손에 쥔 이상 정해놓은 시간만 보고 내려놓기 어렵다. 잠시 휴식을 취하고 다시 공부하겠다는 결심은 쉽게 무너지고 1시간은 우습게 지나간다. 그날 계획한 공부를 마치고 게임을 한다고 해도 잠을 안 자고 붙잡고 있게 돼 결국 다음 날 공부에 악영향을 미친다.

우리는 전자 기기의 유혹에 맞서 싸워야 한다고 생각하지만 그 싸움에서 절대 이길 수 없다. 전자 기기는 우리가 싸워야 할 대상이 아니라 '피해야 하는 대상'이다. 방법은 단 하나, 전자 기기와의 언택트를 선언하는 것뿐이다. 최소한 고3 때만이라도 이런 결단이 필요하다.

Q **"공부를 해도 성적이 안 올라서 마음이 급할 땐 어쩌죠?"**

A 링컨은 "나무를 베는 데 6시간을 준다면, 4시간은 도끼날을 가는 데 쓸 것이다"라고 했습니다. 성적을 올리려면 우선 조급함을 내려놓고 '저 나무를 쓰러뜨리려면 어떤 준비를 해야 하는가?' 생각해보아야 합니다.

'열심히 했는데 중간고사 성적이 왜 이 모양이지?'

'밤잠 줄이며 공부했는데 내신 등급이 더 떨어졌어. 무슨 문제가 있나?'

'나는 공부해봤자 소용없는 사람인가? 나아지는 걸 모르겠어.'

공부할 때도 마음이 조급하면 쉽게 좌절하고 실망한다. 그리고 이런 실망감은 첫 단추가 잘못 끼워진 탓인 경우가 많다. 처음엔 이게 맞는 방법이라고 생각해서 열심히 해보지만 어느 지점에선가 뭔가 잘못되었음을 깨닫게 된다. 첫 단추를 잘 끼워야 마지막 단추까지 제대로 끼울 수 있다.

성적을 올리고 싶은 학생이 채워야 할 첫 번째 단추는 '현재 내 상태를 파악하는 것'이다. 10점 만점 중 내 실력이 5인데 갑자기 9까지 올리려고 하면 실패할 확률이 높다. 이때 학생들은 '공부했는데도 성적이 그대로네? 진짜 바보구나' 하며 자신에게 실망한다. 부모님도 자녀가 매일 독서실에 가서 공부한다, 밤샘한다고 했는데 성적에 변화가 없다면 "학원이랑 독서실 보내달래서 보냈더니 가서 놀다 왔니?" 하며 혼부터 내고 싶을 수도 있다. 하지만 부모님도 막연히 학원만 가면 성적이 오른다고 생각하지 말고, 자녀의 정확한 수준과 그에 맞는 목표에 대해 함께 고민해주는 게 필요하다 생각한다.

뭐든 새로운 걸 배우는 과정은 쉽지 않다. 나도 처음 고등학교 수준의 공부를 할 때는 점수가 잘 안 나왔다. 내가 잘 모르는 부분을 확인하여 해당 인강을 반복해서 듣고, 반복해서 문제를 푸는 것 외엔 특별한 방법이 없었다. '왜 자꾸 틀리지?' '다 모르겠네' 하면서 답답한 마음이 들 때도 있었다. 그래도 마음을 다잡고 꾸준히 하다 보니 어느 순간 실력이 늘어 있었다.

이런 경험을 일단 한번 하면, 이후에는 당장 성과가 눈에 보이지 않아도 좌절하지 않게 된다. 나는 열심히 공부한 과목에서 점수가 원하는 만큼 나오지 않아도 '다음엔 잘 보겠지' 하고 낙천적으로 생각했다. 실수는 극복하고 부족한 점은 채우면 된다. 내 수준이 어느 정도인지 파악하는 과정을 거쳤고 그 단계에 맞는 공부를 하고 있다면, 언젠가 내 노력이 빛을 발할 것을 믿어도 좋다.

우선 내 현재 실력을 파악해라. 수준에 맞고 달성 가능한 목표를 설정해라. 한동안 성적에 변화가 없을 수도 있음을 받아들여라. 느리더라도 좌절하지 말고 꾸준히 공부해라. 이렇게 한다면 99℃까지 잠잠하던 물이 100℃에 이르면 확 끓어오르듯 내 성적도 임계점을 넘기는 순간이 분명 올 것이다.

4

수능 빌드업을 위한
과목별 혼공 노하우

공부 성과는 쉽게 티가 나지 않는다.

기술은 배운 만큼 바로 효과가 나지만 성적은 절대 갑자기 오르지 않는다.

심지어 성적이 더 떨어질 수도 있다.

내 경우엔 이때 엄마가 너무 걱정하는 티를 내지 않고

"틀릴 수도 있지"라고 얘기해주셔서 좀 더 용기를 얻을 수 있었다.

만일 혼이 나거나 했다면 인강으로 혼자 공부하는 방식 자체에

회의를 느끼고 좌절했을지도 모른다.

백혈병 치료 종결,
새로운 출발선에 서다

고등학교 입학하고 얼마 지나지 않아 기쁜 소식이 있었다. 3년
2개월간 항암 치료를 받은 끝에 치료 종결을 앞두게 된 것이다.
(완치 판정은 이후 5년 동안 재발하지 않고 계속 혈액검사 소견이 정상
으로 나와야 받을 수 있다.)

"그동안 참 고생 많았다. 기분이 어떠니?"

주치의 선생님이 소감을 물어보셨다. 그래도 앞으로 1개월에
한 번씩 병원에 와서 추적 검사를 받아야 하고, 항암제는 중단
하더라도 폐렴 예방을 위한 약은 계속 먹어야 한다고 하셨다. 내
몸엔 아직 백혈병 세포가 100만 개 정도 남아 있다는 말씀도 들

었다. 100개도 아닌 100만 개라니. 다시 긴장됐다. 오랫동안 복용한 항암제를 끊게 되어 좋기도 했지만 한편으론 불안하기도 했다. 선생님은 채소, 육류 가리지 말고 골고루 먹고, 운동도 꾸준히 하면서 면역 관리를 잘해야 재발하지 않는다고 하셨다. 특히 물을 많이 마셔야 한다고 강조하셨다. 그래야 T세포(적응면역반응에 관여하는 림프구)가 혈관 구석구석까지 들어가 백혈병 세포를 죽이기 때문이다.

기쁨과 불안이 교차한 날이었다. 그래도 더 강한 건 기쁨 쪽이었다. 이날을 얼마나 기다려왔는지 모른다. 이젠 ANC 수치 때문에 공부에 방해받는 일도 없다. 먹고 싶은 것도 마음껏 먹을 수 있다. 중학교 때 3년 내내 못 갔던 소풍이며 수학여행도 갈 수 있다. 헤아려보니 감사한 것 투성이었다.

나는 가끔 블로그에 항암 일기를 썼다. 여러 가지 키워드로 블로그를 방문한 분들이 내 일기를 보고 댓글을 달아주셨다.

"과학 상자 검색해서 들어왔는데 아프시다니. 부디 힘내세요!"

"내 친한 친구도 백혈병에 걸려서 꽤 힘들어했지만 지금은 많이 좋아졌어. 동생도 금방 괜찮아질 거야. 난 부모님 속을 많이 썩였는데 동생은 꼭 건강을 회복해서 효도하기를."

"백혈병이 무서운 병이라던데 꿋꿋하게 버티면서 웃는 모습이 너무 멋져요!"

얼굴도 모르는 사람들의 격려를 받으면서 가슴이 따뜻해졌다. 그때마다 "항암 치료 열심히 해서 꼭 완치 판정 받고 싶어요. 감사합니다"라고 댓글을 남겼다. 늘 희망을 품고 살았지만 그날이 언제 올지는 사실 막연했었다. 그런데 여름부터 기다리던 크리스마스가 어느새 다가온 것처럼 완치의 날이 찾아온 것이다.

고등학생이 된 이후엔 하루가 길었다. 새벽같이 나가서 밤늦게까지 공부하는 일상의 반복이었다. 야자가 끝난 후 친구와 공원에서 운동을 하고 들어가기도 했다. 원래 운동을 잘하는 친구라 같이 다니다 보니 나도 따라 하게 됐다. 처음 친구와 턱걸이를 할 때는 한 개도 제대로 못 했다.

"힘 좀 써봐. 이 자식 완전 비실이네."

"와, 이게 하나가 안 되냐."

턱걸이에 매달려서 끙끙대자 친구가 아래에서 다리를 들어줬다. 나는 운동에 흥미가 없기도 하지만 운동신경도 거의 없는 편이다. 체육 시간에 공을 차서 골대에 넣는 수행평가를 했는데, 천천히 굴러오는 공을 발로 차려다가 헛발질을 한 적도 있다. 바로 옆에서 그 장면을 본 친구가 일부러 그러는 거냐고 물어볼 정도였다. 턱걸이는 한 개라도 제대로 하고 싶어서 친구와 함께 연습했다. 하다 보니 그래도 열두 개까지 할 수 있게 됐다. 무슨 일을 하든 꾸준함이 비결인 걸까?

의사 선생님 말씀대로 운동도 조금씩 하려고 했고 크게 몸 상태를 의식하진 않았다. 그래도 엄마는 가끔 열이라도 나면 걱정하시는 눈치였다. 몸이 피곤하면 안 된다고 꼭 12시 전엔 자라고 잔소리를 하셨다.

치료를 종결한 후 세 달에 한 번 병원에 가서 주사를 맞는데 원래 쓰던 항암제와 달리 부작용이 거의 없었다. 그래서 몸에 큰 이상을 느끼지 못하고 거의 정상인처럼 생활했다. 병에 걸리기 전 활달하고 에너지 넘치던 나로 돌아간 것 같았다. 학교에서 하루 종일 지내도 피곤하지 않았다.

만약 고등학교 때 백혈병이 발병했다면 수능 만점자가 되어 서울대 의예과에 오는 건 힘들었을 거라 생각한다. 중학교와 고등학교는 공부의 양과 수준이 다르기 때문이다. 그리고 보면 나는 참 운이 좋은 사람이다. 고2 때부터는 내가 백혈병 환자였다는 사실을 의식하지 않고 살았다. 그러다 문득 한참 아팠을 때 기억이 떠오르면 이렇게 건강하게 공부할 수 있다는 사실만으로도 감사함이 밀려왔다.

혼공 기반을 확실히 다진
야자 시간

우리 학교는 야간자율학습이 강제라서 학원 가기가 쉽지 않았다. 학원을 가려면 평일 하루와 주말만 가능했다. 그나마도 고3 때는 토요일에도 등교를 해야 했고 아침부터 5시까지 있어야 했기 때문에 학원에 다니긴 어려웠다. 우리 학교가 조금 특별한 케이스인데, 이걸로 중3 학생들을 대상으로 학교 홍보도 했었다. 부모님들 입장에선 감독이 있는 상황에서 좀 더 공부를 시킬 수 있으니까 좋아하는 것 같았다. 물론 강제로 야간자율학습 하는 것만으로는 마케팅 포인트가 안 됐을 텐데 대학 진학 결과가 좋으니까 반응이 괜찮았던 모양이다. 2020년에도 서울대만 20명

정도 진학했다.

　이런 상황이다 보니 자기주도학습 분위기가 자연스럽게 형성되었던 것 같다. 학생들끼리 경쟁도 치열했다. 성적별로 반을 따로 만들어 자습을 하기도 했다. 워낙 자습을 중시하는 학교라 야자 시간 중에는 1교시에만 인강을 들을 수 있었다. 인강을 듣는 건 자습으로 볼 수 없다는 것이다. 담임선생님도 너무 인강만 듣는 건 좋지 않다고 여러 차례 말씀하셨다. (하지만 그 와중에도 그냥 몰래 듣는 애들도 많았다.) 난 야자 시간에는 인강보다는 그날 필요하다고 생각하는 것, 그날 하고 싶은 것 위주로 자습을 했다. 그리고 집에 돌아와서는 강의를 하나 정도 들었다.

공부 성과는
쉽게 나타나지 않는다

수능이 끝나고 네이버 '수만휘' 카페와 서면 인터뷰를 했다. 그동안 성적은 어땠는지, 어떤 식으로 공부했는지, 그리고 과목별 구체적인 공부법, 교재와 인강 활용법 등에 대한 질문이 있었다. 시간을 들여서 최대한 꼼꼼하게 내용을 작성했다. 많은 학생과 부모님들이 보는 입시 사이트이다 보니 조회 수도 높고 댓글도 많이 달렸다. 그중 어느 학부모님의 댓글이 눈에 띄었다.

"축하합니다. 머리도 좋으시고 노력도 많이 하신 것 같네요. 우리 딸이 고1 올라가는데 노력은 하지만 자신감이 없어서 걱정입니다."

자녀를 걱정하는 부모님의 마음이 느껴져서 나도 답글을 남겼다.

"노력한 만큼 좋은 결과가 나오는 성취감을 경험해봐야 자신감이 생겨요. 그런데 또 좋은 결과를 얻으려면 자신감이 있어야 하죠. 모든 것이 연결되어 있네요. 가장 중요한 것은 마음가짐이라고 생각합니다. 비록 지금 당장은 좋은 결과가 나오지 않더라도 언젠가는 노력의 결실이 있을 것이라는 마음을 가지고 있어야 한다고 생각합니다."

공부가 무작정 싫기만 한 학생은 의외로 별로 없다. 그 학부모님의 말씀처럼 공부를 해도 성적이 오르지 않기 때문에 자신감과 흥미를 잃는 것이다. 노력한 결과가 당장 나오는 경우도 있지만 공부를 정말 열심히 했는데 성적이 나쁜 경우도 있다. 이럴 때 '역시 난 머리가 나빠' '나는 공부 머리가 없어' 하며 좌절하게 된다. 그러나 이렇게 성적이 오르지 않는 시기를 현명하게 견디는 것이 매우 중요하다.

모의평가에서 성적이 떨어졌다고 좌절하지 않으려면 중간에 다른 수단으로 검증을 해보면 좋다. 그런데 실력이 완성된 상태에서 하는 건 상관이 없는데 처음 배워가고 실력을 쌓아가는 과정에서는 너무 자주 하면 또 안 좋다. 공부를 충분히 하지 않은 상태에서 자꾸 실력을 검증하다 보면 '공부했는데 왜 성적이 안 오르지?' 하는 생각의 오류가 발생할 수 있다. '아직 공부를 많이 안 해서 안 올랐구나' 하고 수긍하면 좋은데 '역시 나는 해도 안 되는구나' 하고 생각해버리면 좌절하게 된다. 그래서 멘탈 관리도 중요하다고 생각한다.

처음 성취감을 얻으려면 마음의 여유를 갖고 너무 성급하게 결과를 바라지 않는 게 중요하다. 인풋을 준다고 바로 아웃풋이 나오는 게 아니니까. 은행에 저축한 돈도 오래 넣어놔야 이자가 늘어나는 것과 마찬가지다. 공부도 비슷하다. 여유를 가질 필요가 있다. 수능 세 달 남았는데 이런 고민을 하고 있다면 재수를 각오해야 할 수도 있겠지만, 고2나 고3 초반이면 나쁘지 않다. 지금이라도 정신을 차리고 길게, 그리고 여유롭게 앞을 바라보고 공부하면 된다.

공부의 성과는 쉽게 나타나지 않는다. 기술은 배운 만큼 바로 효과가 나지만 성적은 절대 갑자기 오르지 않는다. 심지어 성적이 더 떨어질 수도 있다. 내 경우엔 이때 엄마가 걱정하는 티를 내지 않고 "틀릴 수도 있지"라고 얘기해주셔서 좀 더 용기를 얻을 수 있었다. 만일 혼이 나거나 했다면 인강으로 혼자 공부하는 방식 자체에 회의를 느끼고 좌절했을지도 모른다.

싫어하는 과목?
어디 한번 덤벼봐!

어릴 때부터 물리를 좋아했지만 수능에서는 물리를 선택하지 않았다. 물리는 상황을 이해하고 식을 세워서 문제를 풀어야 하는 과목인데 이 과정이 몹시 어렵게 느껴졌기 때문이다. 내신 물리는 문제 풀이법을 아예 외워버렸다. 왜 이렇게 되는지 정확히 이해하지 못 해도 그냥 과정에 맞춰서 외운 것이다. 그래도 성적은 잘 나왔다. 하지만 사실 물리는 절대 그렇게 공부하면 안 되는 과목이다. 내신은 문제 풀 미리 알려주고 거기서 내니까 정확한 이해 없이 외워버리는 식으로 공부하고도 성적이 좋을 수 있었던 거다. 하지만 수능에서는 어떤 스타일의 문제가 출제될지 알 수 없기 때문에 이런 식으로 공부해서 좋은 점수를 받는 건 절대 불가능하다.

하기 싫은 공부를 잘할 수 있는 팁 같은 건 따로 없다. 하기 싫더라도 필요하면 꾹 참고 해야 한다. 내가 좋아하는 과목만 잘해서는 아무 소용 없으니 말이다. 누구나 입시 공부는 하기 싫다. 입시 공부는 학문을 연구하기 위한 공부가 아니라 점수를 위한 공부다. 어차피 해야 되는 거니까, 난 하기 싫다는 생각 자체를 안 하려고 했다. 싫어하는 과목 때문에 나머지 과목까지 발목 잡힐 수는 없다는 생각으로 싫어하는 과목도 꾹 참고 공부했다.

'피할 수 없다면 즐겨라'는 말은 쉽게 공감할 수 없는 말이기도 하다. 나는 하기 싫은 걸 할 때는 '해야 된다'는 생각 하나로 버텼다. 영어도 진짜 하기 싫었는데 1등급이 나와야 하니까 별수 없었다. 수능 가중치를 계산했을 때 서울대는 영어 9등급이 나와도 수학에서 한 문제 틀린 것보다 점수가 덜 깎이는데, 만일 연세대나 고려대를 지원하게 된다면 영어를 2등급만 받아도 점수가 확 깎이는 상황이었다. 그래서 어떻게든 1등급을 받아야 한다고 생각했다.

나는 공부가 안 될 때는 잠을 자거나 잠깐 웹툰 같은 걸 보면서 쉬었다. 이런 식으로 약간의 여가 시간을 가짐으로써 분위기 전환을 했다. 아예 공부 과목을 바꾸는 것도 분위기 전환하기에 좋은 방법이다. 특정 과목이 굉장히 하기 싫은 날도 있었다. 그 땐 그냥 실전 모의고사를 재미로 풀기도 했다. 문제 푸는 건 일종의 도전 같은 거라 그냥 막연하게 이론 공부를 하는 것보다는 좀 기분 전환이 되었다.

이건 대학생이 된 지금도 마찬가지다. 얼마 전에 강의 자료를 하나 읽었는데, 금세 하기가 싫어졌다. 이럴 때 나는 '족보'를 본다. 처음 강의를 들을 때는 교수님들이 딱 학문적인 이야기만 하실 뿐 어떤 방향으로 공부해야 할지 알려주시진 않아 좀 막연했다. 고등학교 때 들었던 인강에서 공부 포인트를 딱딱 짚어줬던 것과는 다르다. 그래서 어떤 방향으로, 어떤 것을 중점으로 공부해야 할지 알기 위해서 그전까지 나왔던 기출문제를 봐야 한다. 처음 볼 땐 당연히 안 풀린다. 제대로 공부한 게 아니고 겨우 한 번 읽어본 거니까. 그럴 때는 몇 번 더 내용을 읽다가 다시 족보를 풀면 잘 풀리는 문제가 좀 생기면서 재미를 느낄 수 있다. 내가 발전했다는 걸 직접적으로 느끼면서 분위기 전환이 되는 것이다.

📝 공부가 어려울 때 내가 했던 생각

의대 본과 공부량은 가히 살인적이라고 한다. 하지만 나는 크게 걱정하지 않는다.

OT 때 보니까 암기력이 정말 엄청난 친구들이 있었다. 고등학교 때는 내가 공부를 잘하는 사람이었는지 몰라도 여기선 나보다 뛰어난 친구들이 훨씬 많다. 나는 아직 그 정도는 아니지만, 자기만 이해를 못 하는 것 같다며 벌써 힘들어하는 친구들도 있다. 기숙사에는 스터디 룸이 있다. 기숙사에서 지내지 않고 나처럼 집에서 다니거나 자취를 하는 경우엔 자기만 공부 안 하는 것 같은 느낌에 좀 불안해하기도 한다. 또 족보 복원이 완벽하지 않기 때문에 족보 오류 토의라는 걸 하는데, 나는 생리학을 첫 번째 파트밖에 안 했는데 다른 사람들은 세 번째 파트를 의논하고 있는 걸 보면서 다른 학생들과 비교가 되기도 했다.

하지만 앞으로 공부가 더 힘들어진다 해도 크게 부담을 갖진 않는다. 내가 할 수 있다는 걸 알기 때문이다. 선배들이 진행하는 해부학 OT 때 한 달 동안 배우는 걸 이틀 안에 다 다뤘는데, 그 수업을 다 따라가며 '할 수 있겠다'는 생각이 들었다.

OT 때 봤던 테스트 중 재밌는 게 하나 있었다. 사지선다형 문제를 주고 문제마다 제한 시간을 걸어둔 형태였는데 제한 시간 안에 빨리 입력하면 점수를 다 주고 시간이 다 돼서 입력하면 반만 줬다. 실시간으로 다른 사람이 답을 올리는 게 보이다 보니 경쟁심이 생겨 더 열심히 공부하고 싶어졌다. 오래간만에 2~3일간 게임도 접고 이 공부만 했다.

그때 했던 해부학 OT 공부 분량을 보면 그걸 이틀 만에 다 했다니 스스로도 놀라울 지경이다. 지금은 그 정도로는 못 하고 있다. 이런 걸 보면 학습 능력이라는 건 상황마다 다르게 발현되는 능력 같기도 하다. 그래서 공부가 힘들 때 나는 이렇게 생각해보기로 했다.

예를 들어 생리학은 외울 건 별로 없는데 이해해야 할 게 많다. 특히 심전도 같은 거 보는 법이 엄청 어렵다. 생화학의 경우 DNA 복제를 배우는데 거기 들어가는 효소 이름들이 서로 진짜 비슷하면서 한 글자씩만 다르다. 심지어 규칙성도 없다 보니 가히 도전적인 공부라 할 만하다.

그런데 이것도 생각해보면 그리 많은 내용은 아닌 것 같다. 롤(게임 '리그 오브 레전드')을 예로 들면 챔피언이라고 캐릭터의 종류가 150개가 넘는다. 캐릭터마다 스킬이 네 개, 패시브가 한 개. 챔피언 스킬을 다 외우면 750개 정도의 스킬이 나온다. 이걸 게임하는 애들은 다 외운다. 다 외우지 않으면 이기기 어렵기 때문이다. 심지어 티어가 높지 않은 사람들도 다 외운다. 나도 처음 게임을 시작했을 땐 누가 무슨 스킬을 쓰는지 모르니까 맞고 나서야 '이게 뭐야?' 했었다. 그뿐 아니다. 아이템 효과도 몇십 개가 있다. 이걸 다 합치면 거의 800개다. 지금까지 배운 효소와 신호전달물질의 종류는 800개가 채 안 된다. 하나는 게임이고 하나는 공부다 보니까 다르게 느끼는 것이다. 마음만 먹으면 외울 수 있다. 물론 효소 같은 건 직접 보거나 경험해볼 수 없지만 게임은 직접 경험하면서 알아갈 수 있는 게 다른 점이긴 하지만.

게임을 할 때는 월드 맵 지명까지 외웠다. 집에서 관악 캠퍼스까지 지하철로 통학할 때는 아침 시간에 사람이 너무 많아서 게임도 할 수 없는 지경이라 지하철 노선도에 관심을 가졌다. 낙성대, 굽은다리 같은 지하철역 이름의 기원이 궁금해 찾아보기도 하고 내가 타고 다니는 노선을 외우기도 했다. 앞서 말한 것처럼 입원해 있을 땐 약과 항암제 이름을 외웠다. 그런데 학교 공부를 할 땐 왠지 외우고 싶은 마음이 덜하다. 공부는 하기 싫은 것, 억지로 해야 하는 것이란 생각을 가졌기 때문이 아닐까. 그럴 땐 '그 복잡한 월드 맵도 외우던 나'라는 마인드로 마음을 다잡는다. 월드 맵이나 지하철 노선도는 안 외워도 되는 거지만, 효소와 신호전달물질은 나의 미래에 도움이 되는 내용이니 꼭 외워야 한다는 생각으로 말이다.

계획은 '시간'이 아닌
'분량'으로 세운다

앞에서 나는 계획표를 만들지 않는다고 했다. 하지만 계획이 없다고 내키는 대로 사는 건 아니다. 시간을 알차게 사용하겠다는 마음은 반드시 갖고 산다.

고3 때는 토요일에도 등교해서 아침부터 오후 5시까지 자율학습을 했는데, 이 시간을 어떻게 쓸지도 내 스스로 결정해야 했다. 고민하다가 5월 모의평가 즈음부터는 수능을 위한 연습을 하기로 했다. 그래서 토요일마다 모의고사를 풀었다. 점수에는 크게 신경 쓰지 않았다. 다 사설 모의고사인 데다 문제 난이도도 제각각이었기 때문이다. 꾸준히 공부하며 내 실력을 테스트해

보고 혹시 점수가 잘 나오지 않아도 흔들리지 않았다. 그렇게 내 페이스대로 움직였다.

의대 본과 공부를 하고 있는 요즘에도 나름의 규칙이 있다. 날마다 해야 할 공부의 분량을 대략적으로 정해 두고 그날 할당된 분량을 꼭 채우는 것이다. 그렇게 해서 시험 전까지 모든 범위를 공부할 수 있도록 계획을 세운다. 예를 들어, 시험이 5일 남았고 공부해야 하는 강의록이 21개라면 수, 목, 금요일에는 3개씩 공부하고 주말인 토, 일요일에는 6개씩 공부하는 식으로 공부량을 배분하는 거다. 대면 실습이 있거나 약속이 있는 경우에는 공부량을 줄이고 다른 날에 더 많이 공부하는 식으로 유동적으로 조절할 수도 있고, 특별히 공부가 잘 되는 날에는 더 많이 공부하고 다른 날에 그만큼 여유를 가질 수도 있다. 하루 안에서 시간을 나누면서까지 계획을 세우지는 않는다. 가장 중요한 것은 그 기간에 할당된 공부를 모두 하는 것이다.

공부 내용은 우선순위에 따라 결정한다. 하다가 잘 안 되면 다른 과목을 공부하거나 문제를 푸는 등 고등학교 때 했던 대로 유동적으로 하는 편이다. 오랜 혼공을 통해 지겹지 않도록 공부 내용을 조절하는 방법을 터득했다고나 할까.

일반적인 중·고등학생의 경우 이런 방법이 잘 맞는 사람이 있고 어렵게 느껴지는 사람도 있을 것이다. 세부적인 공부 계획을 짜야만 마음이 편한 사람도 있을 거다.

상위권 학생은 애초에 자기에게 필요한 부분을 알고 자기 컨트롤을 할 수 있다고 본다. 공부할 때 시간 관리를 어떻게 하는 게 좋을지 내게 물어본다면 일단 몇 시까지 공부를 하겠다 하는 정도는 정해두라고 말해주고 싶다. 그리고 자신이 부족한 과목을 파악하여 보완하는 걸 우선하라고 말해줄 것 같다.

📝 공부는 내가 한 만큼 보상받을 수 있는 유일한 것

나 역시 고등학교 때 시험을 못 봐서 성적이 떨어진 적이 많다. 이때 멘탈이 약하면 슬럼프에 빠지거나 좌절할 수 있지만 나는 그냥 '나중에 극복하면 된다. 어차피 실전은 수능이니까 그때만 잘 보면 된다'라고 생각하려 노력했다. 그런 마인드가 안 좋을 때도 있지만 잘 활용하면 도움이 된다. '어떻게든 되겠지. 열심히 공부해왔으니 실력이 떨어진 게 아니라 다른 이유가 있을 거야. 실수는 다음번에 극복하면 돼'라고 생각하는 것이다.

공부는 한 만큼 보상받을 수 있는 분야다. 게임만 해도 불확실한 요소가 있다 보니 열심히 하고도 운이 안 좋으면 좋은 결과가 나오지 않을 수도 있지 않은가. 나는 공부는 노력이 보상받을 수 있는, 열심히 해볼 만한 분야라고 생각한다. 그래서 남들보다 더 성실하게 공부하려고 했다. 공부만 할 수는 없지만 내가 쓰는 시간 중 가장 큰 비중을 두려고 노력했다. 취미나 하고 싶은 것들을 최대한 참으며 공부를 위한 시간을 많이 설정해두려고 애쓴 것이다. 내 미래를 위한, 그 어느 것보다 확실한 투자라고 판단했기에 순간순간 유혹이 와도 이겨낼 수 있었다.

수능 국어 빌드업 –
기출문제를 완벽하게 분석하다

공부법과 관련하여 상위권 학생과 선생님이 공통적으로 강조하는 것 하나가 바로 기출문제다. 기출문제는 수능 출제자가 어떤 메커니즘으로 문제를 내고 어떻게 평가하는지 알 수 있는 일종의 매뉴얼이다. 또 문제와 해답에 오류가 없도록 전문가의 검증을 거친 것이기에 어떤 문제집보다 질이 좋다.

기출문제의 중요성에 대해 하도 듣다 보니 대부분의 학생들이 기출이 중요하다는 것을 안다. 그러면서도 '한 번 출제된 건 다시 나오지 않을 텐데 왜 봐야 하나' 하고 궁금해한다. 우리가 기출문제를 푸는 건 답을 외우기 위함이 아니다. 문제를 다시 풀면서 나의 사고가 답을 향해 올바르게 전개되고 있는지 확인하기 위해서다. 이미 답을 알고 있는 문제라도 다시 풀어보면서 답에 이르는 과정이 논리적이고 정확한지 점검할 수 있다. 이 과정을 반복하면 실력이 늘고 수능 문제를 푸는 데 필요한 사고가 길러진다.

기출문제를 푸는 이유
- 똑같은 문제가 나오길 기대해서가 아니라, 문제를 풀면서 답을 향해 올바르게 사고가 전개되고 있는지 확인하기 위해서임

기출문제의 중요성은 모든 과목에 동일하게 적용되지만, 특히나 중요한 과목은 국어다. 이쯤에서 이런 고민을 토로하는 학생이 있을 수도 있다.

"수능 국어 성적을 좌우하는 게 비문학 독해인데, 저는 그동안 독서를 안 해서 독해력이 부족해요."

국어에서 독해 능력은 정말 중요하다. 학생들이 어려워하는 비문학 문제는 인문, 사회, 과학, 예술 분야의 다양한 지문을 읽고 내용을 분석해야 풀 수 있다. 분석한 내용을 종합하고 적용하려면 상당한 수준의 독해력이 필요한데, 이 독해력을 키우는 방법으로 많은 사람들이 독서를 꼽는다. 독서량이 많으면 1,500자 이상의 긴 지문도 집중해서 읽을 수 있고, 모르는 어휘가 나와도

앞뒤 내용을 참고해 의미를 파악할 수 있기 때문이다.

독서가 바탕이 되면 비문학에 유리한 건 사실이다. 하지만 독서를 많이 하지 않았더라도 충분히 비문학에서 좋은 점수를 얻을 수 있다. 나도 독서량이 많은 편은 아니었다. 《해리 포터》 시리즈를 재밌게 읽긴 했지만 그게 독해력 향상에 도움이 되었다고 보긴 어려울 것 같다.(내 독해력의 원동력은 어린 시절 했던 한자 공부가 아닐까 싶다.)

독해력을 키우기 위해 고등학생이 되어 독서를 시작하는 건 그다지 좋은 방법은 아니라고 생각한다. 독서를 통한 독해력은 오랜 시간에 걸쳐 쌓이는 것이지 1, 2년 안에 눈에 띄는 효과를 가져오긴 어렵다. 그보다는 수능에 최적화된 공부로 독해력을 기르는 게 낫다. 바로 기출문제 풀기다.

> **독해력 부족으로 국어 비문학 문제가 잘 풀리지 않을 때**
> • 이제 와서 독서를 하기보다는 기출문제를 열심히 풀 것

비문학 지문은 어차피 소설책 보듯 편하게 읽어선 안 된다. 문제가 요구하는 방향에 맞춰서 내용이 어떻게 전개되는지 파악하고, 필요한 정보를 수용하면서 읽어야 한다. 기출문제를 풀면서 이러한 과정을 반복하면, 독서량이 부족해도 수능에 필요한 독

해력을 기르고 국어에서 좋은 점수를 받는 것이 가능하다.

나는 비문학 지문 분석을 정말 열심히 했다. 보통 네 번씩 봤고, 최신 기출의 경우 다섯 번 봤다. 그래서 지문을 보면 내용뿐 아니라 몇 년도 몇 월 시험이었는지 기억이 날 정도였다. 그 과정에서 '이 문제는 이렇게 풀이를 진행하는 거구나' '지난번엔 보이지 않았던 근거가 여기에 있었네' '내용은 다르지만 지난번에 본 기출과 같은 개념을 담고 있구나' 하고 알게 됐다.

기출문제를 여러 번 풀다 보면 그동안 모호하게 고른 답이 지문의 어떤 정보들을 조합함으로써 나오는 결론인지를 알게 된다. 이러한 훈련을 통해 시험에 최적화된 사고 과정을 갖추게 될 뿐 아니라 출제자의 입장이 되어 지문과 문제를 보게 된다.

. . . .

국어 공부 tip

1. 화법과 작문

화작문(화법+작문)은 국어의 네 가지 출제 범위 중 가장 쉽다고 알려져 있다. 화작문은 국어 기초가 부족한 사람도 풀 수 있는 문제가 많은 편이다. 보기에 등장하는 어휘들의 뜻을 미리 알아두면 문제 푸는 시간을 단축할 수 있다.

작문의 자료 활용이나 고쳐 쓰기 유형 문제를 풀 때는 어느 정도의 자료 해석 능력과 문법적 지식이 필요하다. 그래도 대부분 기출문제에 나온 것을 반복해서 물어보기 때문에 기출문제 위주로 학습하면 된다. 문제가 부족하다면 연계 교재의 문제를 풀어보는 것이 좋다. 어느 정도 답을 정확히 맞힐 수 있게 되면 그때부터 자신에게 맞는 방법으로 빠르게 푸는 연습을 하자.

만약 모르는 어휘가 있거나 자료 해석이 잘 안 된다면 인강으로 방법을 배우고 적용하는 연습을 하는 것을 추천한다. 또 어떤 보기가 맞고 틀린 건지 판단이 잘 안 선다면 지문에서 보기의 근거를 찾는 연습을 해야 한다. 내 경우 예를 들어 1번 문제의 2번 보기의 근거를 찾으면, 근거가 있는 부분에 밑줄을 친 후 '1-2'와 같이 작게 표시하는 식으로 연습했다.

2. 문법

기본적인 문법은 미리 외워두자. 세세한 것까지 외우지 않아도 문제를 풀 수 있지만, 많이 외워놓을수록 문제 풀기가 수월해진다. 물론 정확하게, 완벽히 외워야 헷갈리지 않는다.

나는 문제 푸는 시간을 단축하려고 불규칙활용의 종류와 고전 문법 등은 아예 외워버렸다. 시험에선 1분 1초가 소중하다. 문법을 잘 외워두면 지문을 읽고 답을 찾는 시간을 크게 줄일 수 있다. 그러니 시간 있을 때 최대한 많이 외워두는 것이 좋다.

문법 문제에는 실수하기 쉬운 몇 가지 낚시 포인트가 존재한다. 형태는 같은데 문장 내에서 담당하는 역할이나 의미하는 바가 다른 경우 이를 구분하도록 출제하는 문제가 대표적이다. 이런 문제를 풀 때는 특히 주의해야 한다. 이때 자신만의 판단 기준을 만들어도 되고 기존에 알려져 있는 판단 기준을 사용해보는 것도 도움이 된다. 기출문제와 연계 교재 위주로 학습하고, 문제를 더 풀고 싶다면 리뷰가 좋은 다른 문제집도 풀어보자. 또 실수한 문제나 애매한 문제는 꼭 확인하고 넘어가는 습관을 들이는 것이 중요하다.

3. 비문학(독서)

학생들은 비문학을 가장 어려워한다. 지문에서 보기의 근거를 찾을 때 연결 고리가 여러 겹, 여러 갈래로 되어 있기 때문이다. 근거 찾기가 쉬운 문제도 있지만, 어려운 문제는 여러 군데 흩어져 있는 정보를 통합해야 한다. 여기에 추가 제시문까지 나오면 모든 것을 한꺼번에 종합해서 근거를 찾아야 하는데 숙련되어 있지 않으면 매우 어렵다.

나도 고2 때 고3 평가원 기출문제를 처음 접했을 때 근거를 잘 찾지 못해 답을 애매하게 추측하는 경우가 많았다. 이런 문제

'형광 표식 탐침'이 이에 이용된다. ㉠이중 가닥 DNA 특이 염료는 이중 가닥 DNA에 결합하여 발색하는 형광 물질로, 새로 생성된 이중 가닥 표적 DNA에 결합하여 발색하므로 표적 DNA의 증폭을 알 수 있게 한다. 다만, 이중 가닥 DNA 특이 염료는 모든 이중 가닥 DNA에 결합할 수 있기 때문에 2개의 프라이머끼리 결합하여 이중 가닥의 이합체(二合體)를 형성한 경우에는 이와 결합하여 의도치 않은 발색이 일어난다.

㉡형광 표식 탐침은 형광 물질과 이 형광 물질을 억제하는 소광 물질이 붙어 있는 단일 가닥 DNA 단편으로, 표적 DNA 에서 프라이머가 결합하지 않는 부위에 특이적으로 결합하도록 설계된다. PCR 과정에서 이중 가닥 DNA가 단일 가닥으로 되면, 형광 표식 탐침은 프라이머와 마찬가지로 표적 DNA에 결합한다. 이후 DNA 중합 효소에 의해 이중 가닥 DNA가 형성되는 과정 중에 탐침은 표적 DNA와의 결합이 끊어지고 분해된다. 탐침이 분해되어 형광 물질과 소광 물질의 분리가 일어나면 비로소 형광 물질이 발색되며, 이로써 표적 DNA가 증폭되었음을

15. ㉠과 ㉡에 대한 설명으로 가장 적절한 것은?

① ㉠은 ㉡과 달리 프라이머와 결합하여 이합체를 이룬다.
② ㉠은 ㉡과 달리 표적 DNA에 붙은 채 발색 반응이 일어난다.
③ ㉡은 ㉠과 달리 형광 물질과 결합하여 이합체를 이룬다.
④ ㉡은 ㉠과 달리 한 사이클의 시작 시점에 발색 반응이 일어난다.
⑤ ㉠과 ㉡은 모두 이중 가닥 표적 DNA에 결합하는 물질이다.

지문에서 보기 근거 찾아 내용 체크한 예시
(2022학년도 고3 6월 평가원 모의고사 문제 중)

를 해결하려고 기출문제를 여러 번 보고 근거를 찾는 연습을 시작했다.

고난도 문제를 풀면서 보기 하나의 옳고 그름을 판단하는 근거를 찾은 후 지문에 밑줄을 그어 표시해보면, 지문과 제시문에 세 개 이상의 밑줄이 표시되는 경우가 꽤 있을 것이다. 이때 밑줄 친 부분이 어떻게 보기의 정답과 오답 판단으로 이어지는지 연결 관계를 선으로 이어보는 것도 좋은 방법이다.

비문학은 지문/제시문과 보기 간의 연결 고리가 거의 빈틈이 없이 완벽하게 맞물린다. 내가 문제의 오류를 찾아 평가원에 이의를 제기하는 입장이라고 생각하며 내가 만든 연결 고리를 점검한다. 그사이에 작은 틈도 보이지 않는다면 그 지문을 마스터한 것이다.

비문학은 기출문제 위주로 공부하길 추천한다. 기출문제가 아닌 경우 문제 자체의 엄밀성이 떨어져 빈틈없는 연결 고리가 잘 만들어지지 않을 수도 있다. 연계 교재 지문은 한번 풀어보면서 여러 소재에 대해 알아두는 용도로만 사용해도 충분하다. 그리고 어휘 문제가 꼭 나오는데 어휘력이 부족해서 푸는 방법을 잘 모를 땐 인강이 도움이 된다.

4. 문학

문학도 비문학과 마찬가지로 근거를 찾는 훈련이 필요하다. 비문학처럼 복잡한 연결 고리는 없어도 근거가 흩어져 있기도 하고 제시문까지 통합해야 하는 경우가 있기 때문이다. 그리고 문학 문제를 풀 때도 비문학처럼 대해야 한다. 문학 감상 방법은 정해진 것이 없고 작품에 대한 해석도 다양하게 할 수 있지만, 문제로 나왔을 땐 이야기가 달라진다. 내 마음대로 해석해서 문제를 풀면 틀릴 가능성이 크니 꼭 출제자가 제시한 방향에 맞추어 풀자.

문학은 연계 교재 연계율이 높은 편이다. 연계 지문은 현대 시 → 고전 시가 → 고전 소설/현대 소설 순으로 공부하는 것을 추천한다. 현대 시는 거의 100% 그대로 나오기 때문에 1순위다. 연계 교재의 작품들을 공부하면 문제 푸는 시간을 많이 단축할 수 있다.

소설과 같이 원작이 매우 긴 연계 지문은 외운다기보다는 전체적인 작품의 줄거리를 알아두는 정도로 접근하는 것이 좋다. 같은 작품의 다른 부분이 출제될 수도 있기 때문이다. 고전 시가는 원작이 짧은 작품도 있고 원작이 길어 연계 교재에 일부만 실린 작품도 있다. 원작이 긴 작품 중에서 특별히 어려운 작품이 있다면, 원작 전체를 보는 것도 좋은 대비 방법이다.

단, 연계 교재에서 작품을 해석하는 관점과 실제 시험에서 나온 제시문의 관점이 다를 수도 있으니, 내가 공부한 내용을 맹신하지 말고 제시문을 꼭 확인해야 한다. 마지막으로 문학 개념어나 기본적인 고전문학 단어, 그리고 고전 시가나 고전 소설을 읽는 법을 배워두면 공부에 큰 도움이 된다.

수능 수학 빌드업 –
중학교 개념부터 다시 체크하다

공부는 부족한 점이 무엇인지 파악하고 그것을 개선해 나가는 과정이다. 모든 과목이 다 그렇지만 특히 수학은 이 과정을 잘 이용하는 것이 성적 향상에 중요하다. 수학은 문제를 푼 다음 문제 풀이 방식이 아직 기억에 남아 있을 때 채점하는 것이 효과적이다. 바로 채점하면 해설을 보면서 내 풀이를 즉시 피드백할 수 있지만, 시간이 지난 후 하면 문제를 처음부터 다시 풀어봐야 한다.

잘 풀리지 않는 문제는 너무 오래 붙들고 있지 말자. 그렇다고 문제집을 덮어버리란 말이 아니다. 잠시 시간을 둔 다음 다시 풀어보자. 잘 풀리지 않는 어려운 문제는 시간 간격을 두고 도전하는 것이 도움이 된다. 예를 들어 어려운 4점 문제, 킬러 문제의 경우 사고가 초기화되도록 시간 텀을 주면 새로운 관점에서 문제가 보이기도 한다.

그러니 풀리지 않는 문제가 있을 땐 우선 시간 간격을 두고 풀어보되, 정 모르겠을 땐 해설지를 펼쳐 문제 풀이를 보자. 괜한 좌절감을 느낄 필요 없다. 문제를 푼다는 건 내가 아는 것과 모르는 것이 무엇인지 파악하는 과정일 뿐이다.

수학에서 중요한 건 첫째도 개념, 둘째도 개념이다. 개념은 학교에서도 배우기 때문에 '알고 있다'고 착각하기 쉽다. 하지만 '망각 곡선'이 말해주듯 하루만 지나도 공부한 것의 많은 부분을 잊어버린다. 반복을 통해 계속 뇌에 저장해야 기억으로 남는다. 이 과정에서 일단 하나의 개념이 확실히 잡히면, 그다음 단계의 개념을 이해하는 건 의외로 쉽다.

나는 중·고등학교 때 '네이버 지식인'에서 수학 문제 질문에 답변을 다는 활동을 했다. 공부하다가 힘들고 지겨울 때마다 하던 일이다. 관심 카테고리를 지정해놓고 내가 답변할 수 있는 범주의 문제가 있으면 열심히 문제를 풀어서 답변으로 올렸다. 중학교 때 가장 활발하게 활동했고, 고등학교 때는 가끔 했다. 주로 내 수준보다 높은 고등학교, 대학교 문제를 풀었다. 총 915개의 답을 달았고, 768개가 채택됐다.

내 네이버 지식인 프로필

다음에 내가 중2 때 답변을 달았던 수학 문제를 소개한다. 이 문제를 소개하는 이유는 과거에 내가 단 답변의 풀이가 마음에 들고, 풀이 과정에서 배울 점이 있다고 생각해서다.

〈곡선 $y=x^3+ax^2+bx+c$의 기울기가 -1인 접선이 하나만 존재하고 그 접선의 접점이 $(-1, -1)$일 때, $a+b-c$의 값을 구하시오.〉

이과 수학을 배우고 비슷한 유형을 풀어본 학생들이라면 대부분 접선이 하나만 존재한다는 부분에서 변곡점 개념을 떠올려서 해결할 것이고, 나 또한 문제를 보자마자 변곡점을 생각했다. 하지만 답변을 달 당시에는 질문자가 자신이 변곡점을 잘 모르니 문과 수준에서 풀어달라고 요청했고, 나 또한 변곡점에 대해 잘 몰랐다.

이 문제는 여러 단원의 내용이 결합된 응용문제다. 우선 미지수가 세 개이니, 이를 구하기 위해서는 방정식도 세 개를 구해야 한다. 편의상 $f(x)=x^3+ax^2+bx+c$라 하겠다.

1. 접선의 접점이 $(-1, -1)$이다. → 3차 함수식과 접선의 방정식에 $x=y=-1$을 대입하면 성립한다.
2. 기울기가 -1인 접선의 접점이 $(-1, -1)$이다.
   → $f'(-1)=-1$
3. 기울기가 -1인 접선이 하나만 존재한다. → $f'(x)=-1$의 실근이 한 개 → 2차방정식의 판별식을 사용한다.

답은 '6'이다. 문제의 조건을 읽고 시간이 걸리더라도 위의 개념을 떠올릴 수 있다면 충분히 풀 수 있는 문제다. 내가 수학 영재라서 가능했을까? 아니다. 수학을 좋아하긴 하지만 그 정도는 아니었다. 원동력은 개념이다. 나는 고등학교 수학의 개념을 획득한 상태였기 때문에 그보다 높은 수준이라도 교재의 개념 설명 부분을 찾아서 보고 문제를 풀면 해결할 수 있는 것이 많았다. 이렇게 개념을 알고 있으면 다음 과정도 쉽게 이해할 수 있다.

그러므로 수학 실력을 향상시키고 싶다면 '개념 – 문제 풀이 – 반복'의 3단계를 통해 끊임없이 내 상태를 피드백하면서 부족한 부분을 점검해야 한다. 문제를 풀다가 안 풀리는 부분이 있으면 거기엔 항상 개념이 있다. 그럴 땐 과감하게 그 개념을 공부할 수 있는 단원으로 돌아가자. 내가 고2라서 혹은 고3이라서 꼭 해당 학년 공부만 해야 한다는 생각은 수학 공부에서 독이 된다.

공부에서 중요한 건 나의 빈틈을 파악하고 그것을 채우는 것이다. 2차방정식도 모르면서 미적분을 공부하는 건 어려운 걸 공부하는 나 자신에 취한 것일 뿐 진정한 공부가 아니다. 피드백을 통해 모호한 개념으로 돌아가서 설명을 읽고 그것을 대입해서 문제를 푸는 과정을 반복하다 보면, 어느새 킬러 문제만 담긴 문제집을 풀 수 있을 정도로 실력이 향상될 것이다.

내가 고1이라고 해도 중학교 개념이 부족하다 판단되면 중학 과정 인강을 구입해 몇 번씩 듣길 바란다. 아무도 비웃을 사람도 없고, 모르면 두 번이고 세 번이고 반복하면 된다. 설명이 너무 빠르면 속도를 늦춰 듣는 것도 좋다. 공부 잘하는 애들 중에서도 수학 하나 때문에 대학을 낮춰서 가는 경우가 많다. 이런 상황을 피하는 데 있어 수학 인강으로 기초를 탄탄히 하는 것은 매우 효과적인 방법이다.

. . . .
수학 공부 tip

나는 중학교 때 오창영 선생님의 수학 강의와 엠베스트의 방정식, 함수, 확률과 통계, 기하 등 파트별 강의를 통해 수학 기초 공부를 마쳤다. 덕분에 고등학교 수학을 공부할 때 개념 부분에서 흔들린 적이 거의 없었고, 수월하게 공부해 나가면서 실력을 쌓았다.

만약 수능 수학 문제를 풀 때 2점, 3점, 앞부분 4점 문제를 틀린다면 앞서 얘기한 대로 개념이 완벽하지 않을 확률이 높다. 특히 중학교 때, 고1 때 공부를 열심히 하지 않은 학생이라면 기초 단계부터 차근차근 실력을 쌓는 것을 추천한다. 수학 과목은 계단식이라 이전 단계의 개념을 숙지하면 다음 단계의 개념을 배울 때 보통은 어렵지 않게 이해할 수 있다.

나는 고등학교에 입학한 후 인강으로 수능에 대비하면서 메가스터디 현우진 선생님의 풀 커리큘럼을 탔다. 공부할 때는 항상 교재를 먼저 풀고 강의를 들었는데, 시간이 오래 걸렸지만 실력을 다지는 데는 효과가 좋았다.

고3 때는 킬러 문제를 빠르게 해결하고 시간 안에 모든 문제를 풀기 위한 연습을 했다. 4점 비킬러 문제에서 당황하지 않게 다양하고 폭넓은 문제들을 풀어보았고, 실전 모의고사를 통해 시간 배분을 연습했다.

4점 비킬러와 킬러 기출문제를 집중적으로 풀어보기 위해《수만휘 4점 기출문제집》을 풀었고, 이후에 킬러 문제 해결력을 높이기 위해《샤인미 인피니티 111제》나《FiM》등을 풀었다. 6월 모의평가 이후에 여러 가지 모의고사를 사서 다양한 타입의 실전 모의고사를 풀어보았다.

후반부에 나오는 4점 문제는 개념을 완벽히 숙지해야 함은 물론이고 어느 정도 문제 풀이 스킬도 필요하다. 문제 풀이법 강의를 듣고 문제를 풀면서 연습해야 실력을 쌓을 수 있다. 제대로 풀지 못한 문제는 해설지나 해설 강의를 보고 전체적인 풀이의 흐름을 정리해서 적어보면 많은 도움이 된다. 맞은 문제도 그냥 넘어가지 말고 문제 풀이를 복기하듯 차례차례 정리해서 적어보길 추천한다.

킬러 문제의 경우 평가원 기출 킬러 문제들을 풀어보면서 사고의 흐름을 정리하는 것이 효과가 좋다. 예를 들어 문제에서 구하는 것이나 주어진 조건에서 어떤 개념을 떠올려 사용해야 할지, 그 후에 다른 조건들과 연관 지어 어떻게 풀이를 이어 나갈지 단계적으로 생각해보는 것이다.

킬러 문제도 결국 쉬운 4점 문제 여러 개를 엮어놓은 것이다. 어떻게 연결되었는지 보이지 않아서 어려운 것이므로 연결고리를 발견하기 위해 사고의 흐름을 정리하고 적용해보는 것이 중요하다. 문제의 조건과 발문을 보고 다음 풀이의 방향을 결정할 수 있게 되면 대부분의 킬러 문제는 쉽게 해결할 수 있다.

공부할 땐 기출문제부터 마스터하자. 그런 다음 실전 모의고사를 통해 다양한 타입의 문제를 접하면서 풀이 시간을 단축하는 연습을 한다면 좋은 성적을 얻을 수 있을 것이다.

수능 영어 빌드업 –
전체 균형을 확인하다

나는 어릴 때부터 여러 분야에 관심이 많았다. 그중 물리학과 천문학이 참 신비롭다고 생각했다. 물리학은 작은 쪽으로 한계가 없고 천문학은 확장의 한계가 없다. 물질을 이루는 가장 작은 입자는 무엇일까, 블랙홀과 웜홀은 어떻게 생겼을까, 광범위한 우주에서 아직 발견되지 않은 천체는 몇 개나 있을까 등 궁금한 게 끝이 없었다.

수학은 원래 좋아했고 수학을 둘러싼 여러 가지 이야기에도 관심이 있었다. 그래서 세계 7대 수학 난제, 베르트랑의 역설, 페르마의 마지막 정리 등을 검색해서 열심히 읽곤 했다. 이해를 못

해도 흥미로웠고, 그걸 이해하고 싶어서 다른 것을 보면 그게 또 공부가 됐다.

그런데 학문으로 좋아하는 것과 공부는 전혀 다른 영역이었다. 예를 들어 물리가 그랬다. 나에겐 교과목으로 배우는 물리가 너무 어려웠다. 그래서 좋은 방법이 아닌 줄 알면서도 문제 풀이법을 통째로 외워버렸다. (내신 시험은 이렇게 해도 어느 정도 풀 수 있지만 수능에선 이런 식으로 하면 무조건 틀린다.)

나는 고등학교 내신 시험 중 물리, 수학, 영어가 가장 힘들었다. 특히 영어는 내신도 그렇지만 모의평가도 자신이 없었다. 영어는 모든 과목을 통틀어 가장 자신 없고 공부하기 싫었던 과목이다. 붙잡고는 있었지만 집중해서 열심히 하지 않고 시간만 쓴 과목이라고 할까.

나의 수능 영어 목표는 '세 문제만 틀리자'였다. 세 문제까지는 틀려도 1등급을 받을 수 있었기 때문이다. 나는 딱 그 정도 수준에 맞출 만큼만 영어를 챙겼다. 다행히 주말마다 수능 실전 연습을 했을 때 평균적으로 1등급 점수가 나왔다.

영어를 싫어했음에도 어느 정도 성적이 나왔던 것은 중학교 때 열심히 공부한 덕분이다. 고등학교 입학 후 인강을 들을 때마다, 한숨 쉬고 딴짓을 하면서도 할 건 했던 지난날의 내가 얼마나 고마웠는지 모른다. 중학교 때 단어, 문법, 문장구조 등 영어의 기본을 다지고 빈칸 추론처럼 어려운 문제까지 살짝 발을 담 갔던 덕분에 고등학교 때는 상대적으로 공부를 덜 해도 성적을 유지할 수 있었다.

대학 입시에 영향을 미치는 주요 과목들을 고르게 잘하긴 어 렵다. 그런데도 모든 과목의 성적에 신경 쓸 수밖에 없는 건, 과 목별로 일정 점수 이상을 받아야 좋은 평균을 얻을 수 있기 때 문이다. 영어는 어려우니 팽개치고 수학은 재미있으니 열심히 했 다가는 원하는 결과를 얻기 힘들다. 나는 영어 1등급이 꼭 필요 했다. 어떤 대학을 가게 될지 모르는 상황이었으니 일단 1등급은 받아둬야 한다고 생각했다.

나는 고등학교 때 특별한 계획을 세우지 않고 공부했지만 큰 원칙은 있었다. 바로 '실력 변화를 체크해서 부족함을 채운다'이 다. 내신 시험과 1년에 여러 번 보는 전국 연합 모의평가, 그리 고 시중에 파는 모의고사 등이 그 기준이 되었다. 3월 모의평가 에서 과탐 점수가 생각보다 안 나왔다면 과탐을, 국어 점수가 기 대에 못 미치면 국어를 많이 공부하는 방식이다. 부족한 과목을 우선순위에 두고 실력을 끌어올리되 다른 과목도 꾸준히 공부했 다. 그래야만 전체 과목의 균형을 맞출 수 있었다.

하기 싫은 과목의 성적을 올리기로 결심했다면 그 마음이 흐 려지기 전에 초반에 최대한 속도를 내자. 많은 양을 타이트하게 공부하며 어려운 용어나 개념 등에 익숙해지면, 학습 체계가 잡히고 그때부턴 그 과목이 좀 만만하게 느껴진다. 나는 이렇게 영어 실력을 1등급까지 끌어올렸다.

. . . .
영어 공부 tip

나는 초등학교 때는 엄마에게 스티커를 받기 위해 수능 영단어를 외웠고, 중학교 때는 인강으로 단어, 문법, 문장구조를 공부했다. 덕분에 고등학교 때는 기출문제를 풀면서 문법, 장문 독해, 순서 찾기, 빈칸 추론 문제가 어떤 식으로 나오는지 유형을 파악하며 부족한 부분을 보충하는 방식으로 공부할 수 있었다.

영어는 균형이 중요한 과목이다. 단어, 문장구조, 문법을 골고루 잘 알고 있어야 고득점이 가능하다. 그중 기본은 단어다. 어휘력이 있으면 문법적 지식이 부족해도 지문을 어느 정도 해석할 수 있으므로 쉬운 문제는 맞힐 수 있다.

단어는 내신에 필요한 단어, 수능 단어 등 현재 공부에 필요한 것으로 범위를 좁혀 공부하는 것이 좋다. 필수 단어 위주로 외우면 공부하기 훨씬 수월하며, 빠른 시간 안에 성적을 향상시킬 수 있다. 단어 다음으로 필요한 건 문장구조에 대한 이해다.

내 경우 중학교 때 들었던 대성마이맥 이명학 선생님의 '신택스 (Syntax)'라는 강의가 큰 도움이 되었다. 문장구조를 공부하면 문장성분들이 어떻게 활용되는지, 관계부사와 관계대명사가 어떻게 쓰이고 해석되는지 등을 훈련할 수 있었다.

문장구조를 정확히 이해하고 있다면 문법 문제도 어렵지 않게 풀 수 있다. 비연계로 나오는 세 문제 정도가 어려운데, 나머지 문제들은 난이도가 낮다. 이 문제들만 거의 다 맞히면 1~2등급을 받을 수 있다.

수능 문제는 여러 개의 절과 수식어를 포함한 긴 문장이 나온다. 이를 해석할 수 있어야 문제를 풀 수 있다. 내 경우엔 문장을 해석할 때 다음의 세 단계를 밟았다. 첫째, 전체 문장의 주어와 동사 찾기. 둘째, 목적어와 수식 어구 및 절 찾기. 셋째, 각각의 절에서 다시 주어와 동사를 찾고 다른 성분들 찾기. 이렇게 하면 복잡하고 긴 문장도 무리 없이 해석할 수 있다.

수능에 필요한 문법은 중학교 때 배우는 문법에서 크게 벗어나지 않는다. 기초가 부족하다면 쉬운 문법부터 공부하자. 기출문제를 통해 공부하는 것도 좋은 방법이다. 수능은 문법을 완벽하게 암기하는 것까지는 요구하지 않는다. 기출문제를 풀면서 예문 안에서 문법이 어떻게 쓰이는지 숙지하고 내가 모르는 것을 정리하면 따로 문법 공부를 하는 것보다 효율적일 수 있다.

듣기의 경우 영어 고득점을 원한다면 다 맞는 것을 목표로 해야 한다. 꾸준한 연습이 가장 중요한데 기출문제와 연계 교재로 연습하면 충분하다. 독해가 어렵게 느껴지면 연계 교재를 풀어서 지문의 내용을 미리 학습하는 것도 많은 도움이 된다.

그리고 수능 영어는 연계 교재의 출제 비율이 높은 편이다. 그래서 눈에 익은 내용이 나오면 잘 알고 있다고 착각하기 쉽다. 방심하다가 쉬운 문제를 틀리지 않도록 조심해야 한다.

수능 과학탐구 빌드업 –
다양한 문제로 실전 감각을 키우다

내가 모의고사를 가장 많이 풀어본 과목은 수학과 과탐 영역이다. 이 중 과탐은 실전이 가장 중요한 과목이다. 개념을 이해하는 것은 그렇게 어렵지 않은데 응용문제를 퍼즐처럼 꼬아서 내기 때문에 풀이법을 숙지해야 한다. 또 20개 문제를 30분 안에 풀어야 하므로 다른 영역에 비해 타임 어택 특성이 강하다.

과탐은 기출문제에 나온 모든 유형의 풀이법을 숙지하고 새로운 타입의 문제에도 대비해야 고득점이 가능하기에, 평가원 기출문제뿐 아니라 사설 실전 모의고사 자료를 사서 공부하기도 했다. 다양한 곳에서 출제한 문제를 풀면서 여러 유형을 공부하기 위해서였다. 안 풀리는 문제는 공책에 적고 어디서 어떻게 근거를 찾아 풀어 나가야 하는지 점검한 뒤 다른 문제를 풀 때 적용했다.

고3이 된 이후엔 거의 매일 야자 시간에 타이머를 맞춰두고 집중해서 문제를 풀었다. 한 문제에서 시간을 너무 많이 쓰지 않도록 시간 관리를 하면서 실전과 똑같은 환경에서 문제를 빠르게 푸는 스킬을 연마했다. 이렇게 연습을 하다 보면 실전에서 돌발적인 상황이 생겨도 당황하지 않고 대처할 수 있다.

나도 어려운 과목과 자신 없는 문제가 있었다. 그래서 나만의 전략을 세웠다. 풀 수 있는 문제를 먼저 확실히 풀고, 어려운 문제를 나중에 풀겠다는 것이다. 과탐도 쉬운 문제에서 점수를 확보해두고 킬러 문제로 넘어갔다. 하지만 실전에선 언제나 예상 밖의 일이 일어나는 법. 내가 쉽다고 예상했던 번호대의 문제들에서 막힐 수도 있다. 나는 10초 동안 생각이 진전 안 되면 버리고 딴 걸로 넘어가기로 했다. 막혔는데 끙끙대고 있으면 다른 문제를 못 푸는 불상사가 발생하기 때문이다. 다음 문제로 넘어갔다가 다시 돌아와서 풀어보면 풀리기도 한다. 킬러 문제도 막히면 넘어갔다가 다시 돌아와서 풀었다.

'막히면 돌아갔다 오자. 일정 시간 이상 사고 진전이 안 되면 그냥 넘어가자. 잠시 머리를 비웠다 오면 풀릴 수 있다.'

이런 방법은 실전 연습을 하면서 터득한 것이다. 나는 자신 있는 과목과 자신 없는 과목을 명확하게 파악하고 과목별로 나만의 전략을 세웠다. 이렇게 모의고사로 연습을 하면서 여러 가지 상황에 대해 미리 대비책을 준비하는 것은 열심히 공부하는 것만큼이나 중요하다.

. . . .

과학탐구(화학Ⅰ, 생명과학Ⅱ) 공부 tip

과학탐구 과목은 개념을 완벽히 숙지하는 것과 빠른 시간 내에 킬러, 준킬러 문제를 푸는 스킬 둘 다 중요하다. 만약 킬러 문제가 아닌 개념 문제에서 틀린다면 개념을 잘 알고 있는지 점검할 필요가 있다. 과학탐구는 헷갈리는 개념을 저격하는 문제가 많아서 이런 부분을 확실히 해야 한다. 과학탐구의 킬러 문제는 과목마다, 문제 유형마다 특징이 달라서 대비하는 방법도 다르다. 여기서는 내가 선택한 과목인 화학Ⅰ과 생명과학Ⅱ에 관해서만 이야기해 보려고 한다.

화학Ⅰ과 생명과학Ⅱ는 기본적으로 계산 능력이 뒷받침되어야 한다. 특히 화학Ⅰ은 단위를 빠르고 정확하게 변환할 수 있어야 한다. 이런 계산 능력은 많은 양의 문제를 풀어봄으로써 향상시킬 수 있다. 하지만 킬러 문제를 푸는 데 있어서 더 중요한 것은 주어진 발문을 해석해서 필요한 정보를 얻는 능력이다. 문제에 주어진 문장이나 자료들은 자물쇠가 걸린 상자와 같다. 맞는 열쇠를 사용해서 열어야 문제 풀이에 결정적인 정보를 얻어낼 수 있다. 그렇기 때문에 평소에 많은 문제를 풀어 보고, 발문을 해석하는 다양한 접근법을 익혀 두는 것이 중요하다. 문제를 풀고 나서 맞은 문제일지라도 꼭 해설지를 보고 해설에서는 조건을 어떻게 해석했는지 확인하고 그 방법을 내 것으로 만들어야 한다. 이렇게 익힌 방법을 다른 문제를 풀 때 적용하면서 연습하면 나중에는 발문만 보고도 어떤 방법을 사용해서 해석해야 할지 느낌이 올 것이다.

또 빠른 시간 안에 문제를 풀어야 하는 만큼 실수가 자주 나오는데, 실수는 놓치지 말고 기록하면서 피드백해야 한다. 이렇게 해야 다음에 같은 실수를 하지 않도록 주의하면서 문제를 풀게 된다.

나는 과학탐구 영역의 경우 《케미 옵티마》《UAA N제》 등 고난도 킬러 문제 대비 문제집과 《시대인재 서바이벌 온라인 모의고사》《백브라더스 모의고사》《UAA 시즌 1/2 모의고사》 등을 풀면서 공부했다. 수능이 얼마 안 남았을 때는 매일 1회분 이상의 실전 모의고사를 풀어 감을 잃지 않도록 했다.

Q **"실수로 시험을 망쳤어요. 저는 왜 이 모양일까요?"**

A 지금부터가 중요합니다. 틀린 문제들을 파악하고 개선해 나가려는 자세를 가질 때, 오늘 망친 시험을 뜀틀 삼아 한 단계 성장할 수 있습니다.

시험 보는 날, 쉬는 시간이 되면 교실이 소란스럽다.

"미치겠다. 그거 알고 있었는데!"

"3번이 답 아니었어?"

친구들과 답을 맞춰보는 가운데 여기저기서 안타까운 탄식이 들려온다. 왜 틀렸을까? 이유는 여러 가지다. 시간이 부족해서, 공부했는데 까먹어서, 아는 줄 알았는데 함정에 빠져서 등. 정말 몰라서 못 푼 것을 제외한다면 이 모든 이유는 하나로 정리할 수 있다. 바로 '실수'다.

실수는 점수와 직결되기 때문에 반드시 바로잡아야 한다. 학생들이 실수하는 포인트는 다양하지만 공통적인 것은 신중하지 않은 태도다. 문제를 제대로 읽지 않아서 틀리는 경우가 은근히 많다. 예를 들어 '적절한 것을 고르시오'와 '적절하지 않은 것을 고르시오' 문제를 잘못 읽고 반대 답을 고른다. 그리고 '단,'이라고 조건이 붙는 것을 무심코 지나치고, 등호 여부에 따라 값이 바뀌는 부등식 문제에서 등호를 제대로 보지 않아서 실수한다.

어려운 문제보다는 쉬운 문제에서 실수를 더 많이 한다. 쉬운 문제는 방심해서 빨리 풀려고 하기 때문이다. 그런 마음이 들 때 정신을 차리자. 그 안에 함정이 있다. 단어를 살짝 바꿔서 오답을 정답처럼 보이게 하는 경우가 많다. 익숙한 단어와 문장이 보인다고 대충 판단해버리는 것도 주의해야 한다. 반면 고득점 문제는 어떤가. 어렵다는 생각이 머리에 박혀 있어서 문제를 신중하게 읽는다. 이건 실수로 틀린다기보다는 정말 몰라서 틀린다.

시험이 끝나고 나면 크고 작은 실수들과 부족한 실력 때문에 후회가 밀려온다. OMR 마킹을 잘못하는 실수부터 문제를 잘못 읽는 실수까지 이번 기회에 바로잡자. 이걸로 점수가 깎인다면 너무 아까우니까. 그리고 여기서부터가 중요하다. 시험이 끝났다고 시험지를 접어버리지 말고 최대한 빨리 확인하자. 시간이 부족해서 틀렸는지, 정말 몰라서 틀렸는지 등을 확인하며 '어떻게 보완해야 다음에 같은 실수를 안 할까?' 고민해야 한다.

나도 아는 것을 틀렸을 땐 일단 화가 났다. 수능 준비는 비교적 차분하게 했지만, 내신 시험의 경우 문제 하나로 등급이 바뀌는 상황이라 예민했다. 그러나 냉정하게 실수에 대해 분석하는 것 외엔 다른 방법이 없었다. 잘 몰라서 틀리는 문제는 왜 그런지 이유를 붙들고 늘어졌다. 틀린 이유를 파악하고 나면 그것을 다음 문제 풀 때 적용해 두 번 틀리지 않도록 했다. 물론 나도 사람이라 같은 실수를 또 하기도 했지만, 모든 면에서 실수를 줄여 나가기 위해 노력했다.

기출문제를 많이 풀다 보면 내가 어떤 문제에서 자주 실수하거나 틀리는지 파악된다. 그런 문제점들을 바로잡아야 성적을 올릴 수 있다는 마음으로 문제점을 분석하고, 시험 볼 때는 그런 점들을 상기하며 문제를 풀었다.

이렇게 사소한 실수를 줄이고 내가 자주 틀리는 포인트를 파악해서 개선하는 것은, 상위권과 중·하위권 학생 모두 가장 쉽게 점수를 올릴 수 있는 방법이다. 실수하지 않고 공부한 만큼 실력을 제대로 발휘하기만 해도 기대 이상의 점수를 받을 수 있다.

스포츠의 세계는 냉혹하다. 0.01초 차이로 승부가 갈리고, 사소한 실수로 몇 년 동안의 노력이 물거품이 된다. 시험도 마찬가지다. 며칠 밤을 새워서 공부했는데 중간고사를 망치고, 실력과 상관없는 실수로 내신 등급이 확 밀리기도 한다. 평소 잘하다가 수능을 망칠 수도 있다. 이런 점에서 볼 때 바둑의 '복기'는 우리에게 많은 가르침을 준다. 복기란 바둑을 두고 난 후 그 내용을 검토하고 비평하기 위해 두었던 대로 다시 처음부터 놓아보는 것을 말한다. 만약 경기에 졌다면 경기를 다시 되짚어보는 게 괴로울 것이다. 하지만 이러한 복기 과정은 오늘보다 더 나은 내일을 만들기 위해 꼭 필요하다.

바둑의 신 이창호는 자신의 책에서 "복기는 대국 전체를 되돌아보는 반성의 시간이며, 유일하게 패자가 승자보다 더 많은 것을 거둘 수 있는 시간이다"라고 말했다. 다른 프로 바둑 기사들도 실력을 향상시킬 수 있었던 비결로 복기를 꼽으면서 복기의 중요성을 강조한다.

우리도 공부할 때 이런 자세를 가져야 한다. 왜 시험에서 원하는 결과를 내지 못했는지, 어떤 실수를 했는지, 이 실수를 줄이려면 앞으로 어떻게 해야 하는지 등을 세심하게 살펴야 한다. 이런 과정은 공부한 것을 헛되게 하지 않겠다, 앞으로 다시는 같은 실수를 하지 않겠다는 의지의 표명이다.

5

수능 만점을 만든
나의 고3 활용법

내신 때문에 한때 침체기를 겪었다.

하지만 내신이 아닌 정시에 무게를 두면서 그런 마음은 사라졌다.

보통 슬럼프는 내가 열심히 했는데도 성적이 오르지 않고

제자리걸음을 하고 있다는 느낌이 들 때 찾아온다.

그래서 나는 내가 발전했다는 걸 확인하기 위해 기출문제를 많이 풀었다.

모의고사를 푸는 친구들은 많았지만

나처럼 많이 푼 경우는 별로 없었을 것이다.

나의 고3 기간
공부 흐름

고등학교 땐 내신 때문에 마음고생이 많았다. 모의평가는 전국 단위 경쟁인 데 비해 내신은 같은 학교 아이들과의 경쟁이다 보니 스트레스가 컸다. 고3 때까지 내신 점수를 조금이라도 더 올리기 위해 고군분투했지만, 공부 잘하는 친구들이 모인 학교라 쉽지 않았다. 특히 수학은 잘하는데도 불구하고 내신 성적은 썩 좋지 않았고 영어도 약간 어려움이 있었다. 그렇다고 별도의 학원 수업을 받을 생각은 없었다. 사실 내신 수학은 어느 순간부터 약간 내려놓았던 것 같다. 문제 하나만 틀려도 2등급이 나오는데 그걸로 너무 다운되거나 할 필요는 없다 생각했다.

나의 목표는 한결같이 서울대 의대였다. 서울대 의대는 내신 성적이 1점 극초반대인 학생들이 지원한다. 내 성적도 나쁘다고 할 순 없었지만 서울대 의대에 지원하기에 약간 애매했다. 나의 내신 성적은 서울대 기준 1.255, 연대 기준 1.27이었다. 수시로 여섯 개 의대에 지원했다. 서울대, 고대, 가천대학교는 1차 불합격이었고, 연세대, 울산대, 가톨릭대는 1차 합격했지만 면접은 가지 않았다. 수시보다 정시에 조금 더 자신이 있었기에 수능 후에 면접이 있는 전형을 택했다. 고3 때 나는 확실히 정시파로 기울었다.

교무실에는 선생님들이 상위권 학생들의 대학 입시 방향을 정하기 위해 내신 성적과 모의평가 성적을 정리해놓은 표가 붙어 있었다. 내신 성적 1등 칸엔 항상 다른 친구 이름이 있었지만, 모의평가 1등 칸엔 대부분 내 이름이 있었다. 그 자리에 가끔 내 이름이 없으면 약간 슬퍼졌다. 모의평가 성적은 나에게 원하는 대학교에 갈 수 있다는 희망 같은 것이었다. 그게 보고 싶어서 교무실에 간 적도 있었다.

고3의 시간은 쏜살같이 흘러간다. 빡빡한 일과를 소화하다 보면 일주일, 한 달이 어떻게 지나는지 모른다. 그 속에서 나와 친구들은 대입이라는 결승점을 향해 막판 레이스를 하느라 매일 치열한 시간을 보냈다. 시험을 망쳐서 좌절했다가 자신을 위해 힘들게 일하는 부모님을 생각하며 마음을 다잡는 친구도 있었고, 오르지 않는 성적 때문에 한동안 슬럼프를 겪는 친구도 있었다. 학생도 사람인지라 꽃 피는 봄에는 마음이 설레서 놀러 가고 싶고, 뜨거운 여름엔 시원한 에어컨 바람 쐬며 만화책이나 보고 싶다. 그런데도 엉덩이가 아프도록 책상 앞을 지킨 건 저마다의 꿈과 목표가 있었기 때문일 것이다.

내가 본 수능 과목
- 국어, 수학 가, 영어, 한국사, 과학탐구(화학I, 생명과학II)

수업 시간

가끔 졸릴 때도 있었지만 수업 시간에 최대한 집중하려고 노력했다. 나중에 보충하는 시간이 아까워서였다. 쉬는 시간에는 부족한 잠을 자거나 휴식을 취했다. 10분간의 달콤한 잠은 머리를 맑게 해주었다. 방금 수업 시간에 배운 내용을 다시 읽어볼 때도 있었다. 점심시간에는 밥을 먹고 대부분 수학 문제집이나 과학탐구 문제집을 풀었다. 석식 시간에는 밥을 먹고 쉬었다.

야자 시간

야자 시간에는 그날 수업 시간에 배운 내용이나, 전날 또는 주말에 인강에서 들었던 내용을 복습했다. 나는 고3 때 수학과 과탐 위주의 인강을 들었기 때문에 교재의 문제를 다시 풀어보고, 인강에서 배운 풀이법을 다른 문제집이나 실전 모의고사를 풀때 적용하는 연습을 했다. 그리고 다음 날 수업 시간에 배울 내용을 미리 읽어보거나 인강을 듣기 전에 교재의 문제를 미리 풀어보았다.

주말

6월 모의평가 이후에는 매주 토요일에 한국사 모의고사까지 준비해서 수능과 똑같이 시험 보는 연습을 했다. 9월 모의평가 전까지는 토요일에만 학교에 갔다. 그래서 토요일에는 9시까지 학교에 가서 5시까지 자습을 하고, 일요일에는 집에서 자습을 했다. 9월 모의평가 이후부터는 토·일 모두 학교에 나가서 자습했다.

6월 모의평가 이후

6월 모의평가 직후에는 수능 완성을 푸는 데 집중했고, 기말고사 직전에는 내신 대비에 집중했다. 모의고사를 많이 풀었지만 시험 기간엔 내신 공부 비중을 늘리는 방식으로 융통성 있게 공부량을 조절했다.

기말고사가 끝난 후 여름방학 기간에는 일요일을 제외하고 학교에 나와서 오전에는 원하는 과목을 신청해서 수업을 듣고 오후에는 자습했다. 이때부터 사설 실전 모의고사를 구매해 풀면서 실전 연습을 했다. 야자가 끝나고 집에 돌아오면 인강을 듣고 보통 12시 무렵에 잠을 잤다.

9월 모의평가 이후

실전 모의고사 비중을 더욱 늘렸다. 학교에 가서 국어 → 수학 → 영어 → 한국사 → 과학탐구 순으로 푸는 연습을 했는데, 몇 번 해보니 좀 힘들었다. 그래서 순서대로 다 푸는 건 주말에만 하고 평일에는 부족한 과목 위주로 실전 모의고사를 풀고, 나머지는 일반 문제집을 풀거나 개념서로 공부했다. 학교 자습이 끝나고 집에 돌아오면 인강을 듣거나 문제를 풀었다. 학교에 가지 않은 날도 마찬가지였다. 특히 이때는 오개념을 점검하는 시기이기도 했다. 9월 모의평가에 허점을 찌르는 문제가 많이 출제되어서 개념 확인 필요성이 느껴졌기 때문이다.

10월 모의평가 이후

10월 모의평가 이후에는 실전 모의고사를 풀 때 OMR 답안지에 마킹하는 연습도 함께 했다. 가채점표 쓰는 연습은 일부러 신경 써서 하지는 않았고, 10월 모의평가와 학교에서 사설 모의고사를 보는 날에 딱 네 번 해봤다. 참고로 연계 교재는 거의 다 풀었다.

시험이 임박했을 땐 수학과 과학탐구의 실수를 관리하는 데에 집중했다. 내 실수를 복기하고 그에 대비하는 방식으로 공부했다. 수학의 경우 따로 'EBS 우수문항 선별목록'을 다운받아 수능 4일 전부터 다시 풀었고, 과학탐구의 경우에도 '연계 교재 우수문항 선별목록'을 다운받아 다시 읽어보았다.

수능 실전 준비
핵심 포인트

내 경우 수능 공부를 제일 먼저 시작하고 완성한 과목이 바로 국어였다. 중학교 때 처음 인강으로 수능 비문학 문제 유형을 접하고 고1, 2 수준의 문제를 미리 조금씩 풀어보았다. 선덕고를 목표로 하고 있었기 때문에 고등학교 입시를 준비하기 위한 면도 있었다. 그런 문제들을 미리 풀어보면서 차츰 수능 국어 공부가 완성되어 갔던 것 같다. 그래서 국어의 경우 고등학교 와서는 감을 잃지 않기 위해 가끔 기출문제를 보는 정도만 공부했다. 영어는 딱 90점 수준만 유지할 수 있도록 일주일에 한 번 정도 공부했다.

고등학교 때 수능 공부는 수학과 과학탐구 위주로 했다. 과목별로 동일한 가중치를 두기보다는 좀 더 아쉬운 과목을 많이 하는 방식으로 공부했다. 모의고사나 기출문제를 푼 결과를 기반으로 해서 수학이 좀 아쉽다 하면 수학의 비중을 늘리고, 화학이 좀 아쉽다 하면 그다음 날은 화학을 더 많이 푸는 식으로 정해진 틀 없이 가변적이었다.

. . . .

멘탈 관리는 모의고사 풀이로

앞서 말했듯 내신 때문에 한때 침체기를 겪었다. 하지만 내신이 아닌 정시에 무게를 두면서 그런 마음은 사라졌다. 보통 슬럼프는 내가 열심히 했는데도 성적이 오르지 않고 제자리걸음을 하고 있다는 느낌이 들 때 찾아온다. 그래서 나는 내가 발전했다는 걸 확인하기 위해 기출문제를 많이 풀었다.

모의고사를 푸는 친구들은 많았지만 나처럼 많이 푸는 경우는 별로 없었다. 고3 때는 2~3일에 하나씩 풀다가 9월 이후부터는 하루에 한 과목씩 풀기 시작했다. 과학탐구는 적어도 하루에 화학I, 생명과학II 둘 중 하나는 풀었고, 수학도 이틀에 한 개꼴로 풀었다. 한국사와 영어는 절대평가라 일주일에 한 번 실전 연습으로 모든 과목을 수능 시간표에 맞춰서 풀 때 끼워 푸는 정도로만 진행했다. 국어는 기출 이외에는 퀄리티가 좋은 모의고사를 찾기 어려워서 그냥 기출문제를 다시 보고 분석하는 방식으로 공부를 하였다. 이건 누가 알려준 방법은 아니다. 스스로 모의고사를 풀고 점수를 내보는 걸 좋아했다. 스톱워치를 켜놓고 각 과목 실제 시험 시간 동안 실전처럼 푸는 것이다. 채점해서 점수가 잘 나오면 기분 좋고 안 나오면 기분이 안 좋긴 했지만 잘 못 본 시험지 안에서도 배울 게 있다고 생각해서 충분히 할 만했다.

. . . .
수능 실전 감각 유지하기

수학은 하루 하나씩 풀진 않는데 과탐은 거의 매일 풀었다. 과탐은 무조건 다양한 유형을 경험해보는 게 중요하다. 실제 수능에서 새로운 유형이 나올 수도 있기 때문이다. 다양한 곳에서 낸 문제를 매일매일 풀면서 새로운 유형을 익히고 틀리면 잘못된 부분을 고쳐가는 방식으로 공부를 해 나갔다. 유명한 학원의 실전 모의고사는 따로 구해서 풀어보기도 했다.

국어, 수학은 각각 80분, 100분간 푼다. 그런데 과탐은 30분이고 문제도 20개이다 보니 확실히 다른 과목에 비해서 타임 어택 성격이 강한 편이다. 수학은 100분이라서 시간이 비교적 여유 있는 편이다. 내가 수학에 자신 있었기 때문에 그렇게 느꼈을 수도 있다. 과탐의 경우에는 공부가 어느 정도 완성되어 있는 상위권 학생도 문제 하나에 멘탈이 흔들리기도 한다. 또 한 문제에서 시간을 오래 써버리면 나머지 문제를 푸는 데 치명적인 영향을 끼치기도 한다. 그래서 과탐은 정확하게 푸는 것도 중요하지만 시간 관리를 해서 빠르게 푸는 스킬도 중요하다. 그걸 연습하는 데 초점을 뒀다.

나의 수능 대비 포인트
- 과목별로 공부 시간 차등적으로 배분(수학, 과학탐구 위주)
- 모의고사 최대한 많이 풀기(9월 이후에는 하루 한 과목씩 반드시)
- 타임 어택 성격 강한 과학탐구는 빠르게 푸는 연습 수시로 반복

. . . .

실수 줄이기

시험을 본 후 원하는 성적이 안 나왔을 때는 어떻게 해야 다음에는 이런 일이 안 일어날까를 냉정하게 생각했다. 틀린 원인을

열심히 파악했고 그렇게 파악한 것들을 다음 시험부터 적용해서 실수를 줄였다. (물론 사람이니까 또 틀리기도 했다.)

입시 커뮤니티에 종종 들어가 남들이 자주 실수하는 부분을 물어보거나 자주 하는 질문도 확인했다. '다른 사람들은 이런 실수를 했구나. 나도 이런 실수를 할 수도 있겠구나' 하고 점검하는 것이다. 이런 식으로 모든 단계에서 실수를 줄여 나가는 노력을 했다. 그 상태에서 할 수 있는 건 신유형 문제를 풀고 시간을 줄이는 것이었다. 의대를 목표로 하는 상위권의 경우 문제 하나하나가 중요하기 때문에 최대한 신경을 써야 했다.

실수를 줄이는 건 현 상태에서 점수를 올리기 가장 쉬운 방법이기도 하다. 진짜 실력으로 점수를 올리는 건 상위권으로 올라갈수록 힘들어진다. 더군다나 수능이 목전에 다가왔을 때는 실력 자체를 올리는 것보다는 실수를 줄이는 게 현명할 수 있다. 수능이 얼마 안 남았다고 포기하지 말고 이 부분만 보완해도 분명 점수가 올라갈 것이다. 특히 쉬운 문제에서 실점하는 걸 주의해야 한다.

1. 문제 신중하게 보기

고득점 문제는 대부분 잘 읽어보고 푼다. 이런 킬러 문제는 몰라서 틀리지 실수로 틀리지는 않는다. 하지만 애매한 중·하 난이도 문제는 빠르게 풀어야 한다는 강박이 있어 실수가 발생한다. 모든 문제를 신중하게 봐야 한다. 실수를 줄이려면 문제를 잘 읽어야 한다. 시험 볼 때는 빠르고 정확하게 푸는 게 중요한데, 빠르게 하는 건 오히려 쉽다. 실수를 줄여 정확하게 풀기 위해 마지막까지 신경 쓰자.

2. 주로 실수하는 포인트 알기

어디에서 자주 실수하는지를 알아내야 한다. 실전 모의고사를 엄청 많이 풀다 보면 실수 패턴이 눈에 보일 것이다. 남들이 하는 실수도 타산지석 삼아 봐두면 도움이 된다. 비슷한 실수를 할 수 있기 때문이다.

나는 화학에서 비슷한 실수를 많이 했는데, 탄화수소 문제 유형에서 C, H를 정확히 보지 않아서 헷갈리는 것이었다. 이런 경우가 많아서인지 틀린 보기도 C와 H를 잘못 보고 풀었을 때 나오는 형태가 많다. 문학의 경우 진짜 틀린 보기는 대놓고 틀린 내용인 경우가 많기 때문에 답을 찾은 것 같아도 섣불리 결정하지 말고 다섯 개를 다 보는 게 최대한 실수를 줄이는 방법이다.

....

어차피 시험은 전략이다

1. 한 문제에 너무 많은 시간을 투자하지 말 것

내가 공부했던 문제집이 풀기 어렵다는 댓글을 많이 봤다. 실제로 진짜 어려운 게 있었다. 《샤인미 인피니티 111제》는 나도 끝까지 못 풀었다. 어렵다고들 하는 수능 30번 문제도 이 문제집의 어려운 챕터 문제들에 비하면 쉬웠다. 나중에는 나도 못 푸는 문제가 나왔다. 이런 문제를 몇 시간씩 붙들고 고민하는 것보다는 해설을 보고 풀이에서 배울 만한 부분을 공부하고 남는 시간에 다른 실전 모의고사를 풀면서 부족한 부분을 보완하는 게 낫겠다 싶어서 끝까지 안 풀었다.

2. 막히면 다른 문제부터 풀기

나도 어려운 과목이 있었고 자신 없는 문제가 있었다. 그래서 나만의 전략을 세웠다. 어려운 것은 일단 운에 맡기고 내가 아는 것을 확실하게 풀겠다는 것이었다.

수능 모의평가는 전략도 상당히 중요하다. 수학의 경우 우리 때는 21, 29, 30번이 킬러 문제 자리라 그 번호 문제는 일단 제쳐두고 나머지를 다 풀겠다는 전략을 쓰는 경우도 있었다. 그렇게 해도 2등급은 나오기 때문이다. 나 역시 일단 그 문제들을 제일 마지막에 풀었다. 하지만 막상 실전에서는 19, 20, 28번에서 막힐 수도 있다. 나는 30초 동안 사고 진전이 안 되면 버리고 다른 문제로 넘어갔다. 한번 막혔는데 붙들고 있으면 영원히 막혀서 진전이 없고 시간만 버린다. 과탐도 10초 동안 다음 단계가 안 보이면 다른 문제를 먼저 풀다가 돌아와서 다시 풀었다.

이건 많은 문제를 풀면서 스스로 터득한 방법이다. 생각이 진전되지 않으면 빠르게 넘어가야 한다. 나중에 다시 돌아오면 풀릴 수도 있다. 일단 머리가 비워진 상태에서 다시 보게 되면 길이 보이는 것이다.

3. 바로 채점하고 피드백하기

모의고사를 푼 다음에는 문제를 푼 사고 과정이 기억에 남아 있을 때 바로 채점을 해야 한다. 또 풀다가 막힌 문제는 대충 넘기지 말고 왜 틀렸는지 바로 답안 풀이를 찾아봐야 한다. 킬러 문제 같은 경우는 오랫동안 안 풀리는 게 있으면 하루 쉬고 다음 날 하라고들 한다. 사고가 초기화되니까 기존의 사고 틀에 얽매이지 않고 새로운 관점에서 볼 수 있기 때문이다. 그러나 채점의 경우에는 이렇게 시간을 기지면 오히려 역효과가 날 수 있다. 나의 문제 풀이 과정 및 방식을 정확하게 파악하려면 바로 채점하고 바로 뭘 틀렸는지 확인해야 한다. 효율적인 공부 방법 중 하나라고 생각한다.

시험 볼 때 요령

• 심하게 어려운 문제는 전략적으로 포기한다.
• 10초 이상 사고 진전이 안되면 과감하게 다음 문제로 넘어간다. (이후에 다시 보기)
• 채점은 문제 풀이 과정을 기억하고 있을 때 최대한 빨리 한다.

수능 과목별
문제 풀이법

. . . .
국어

1. 유형별 빠른 풀이법 파악

내가 제일 어려워하는 부분을 알고 보완하는 것이 필요하다. 문법, 비문학, 문학은 분야마다 어떤 부분에서 어려움을 느끼는지 각각 확인을 해야 한다. 나는 문법 같은 경우는 아예 외워버렸다. 헷갈리는 게 많았기 때문이다. '~오너라' 같은 명령어 만들 때 '너라 불규칙' 같은 것들은 그냥 외웠다. 세종대왕 때 쓰던 중세 국어까지 그냥 외웠다.

어차피 지문에서 답을 주니까 외우지 말라고 하는 사람들도 있다. 사실 지문에서 답을 주긴 한다. 예를 들어 '구개음화는 어떤 것이다' 하고 지문 중에 설명해주는 것이다. 하지만 그걸 다 읽기엔 시간이 부족할 수 있다. 미리 준비해서 가장 많은 시간 단축을 노릴 수 있는 파트가 문법 파트이므로 여기서 1분이라도 아껴야 한다. 이미 아는 내용이라면 굳이 지문을 읽을 필요가 없다. 그러니 문법은 시간이 있으면 확실하게 최대한 많이 외워두는 것을 권한다. 문법을 수능용으로 정리해놓은 책이 있으니 활용하는 것도 방법이다.

나는 내신 국어 점수는 별로 좋지 않았다. 문법은 그다지 안 틀렸는데 문학에서는 자주 틀렸다. 내 기준에는 애매한 게 너무 많았다. 문학 지문 같은 경우 창작자인 시인이나 소설가도 못 푼다고 하지 않나. 이처럼 해석의 관점은 사람마다 다를 수 있으나 수능 문제를 풀 때는 문제나 지문, 보기 등에서 제시하는 관점에 맞추어 해석해야 한다. 문학은 연계 교재 문학 지문을 공부해놓는 게 좋다. 수능의 경우에는 보기에서 해석하라는 방향대로 해석을 하면 된다. 근대소설처럼 나와 감성이 안 맞는 소설이라도 보기에서 어떤 작품인지 설명해줄 때가 있다. 그 설명에 맞춰서 독해하는 것도 좋은 방법이라고 생각한다. 내 생각대로 해석하지 않는 게 중요하다. 그냥 생각 없이 읽는 것이 필요하다. 수능은 출제자가 제시한 방향대로 풀어야 한다. 보기에 맞춰서 문학도 비문학처럼 풀어야 한다. 감상을 하는 게 아니라 지문을 문제와 조합해서 정확한 답이 나오게 푸는 방법을 익혀야 한다.

2. 기출문제 완벽 분석

국어는 지문에 근거가 다 있다. 그래서 나는 2017~2018년도 6월, 9월 모의평가와 실제 수능, 2019학년도 6월, 9월 모의평가의 모든 문제에 대해 정답의 근거를 지문에서 하나하나 찾아가면서 공부했다. 그 이전의 기출들은 모든 문제를 찾지는 않았고 완벽하게 근거를 찾지 못한 채로 푼 문제나 틀린 문제 위주로 공부를 했다. 특히 어려운 비문학은 평가원의 모든 기출문제를 다 분석했다. 기출문제를 많이 풀다 보면 출제자가 어떤 의도로 문제를 냈는지 보이면서 문제를 보는 새로운 눈이 열리게 된다.

. . . .

수학

수학은 문제의 난이도별로 공부한 방법이 달랐다. 수학 문제는 난이도를 기준으로 2~3점 문제, 비킬러 4점 문제, 킬러 4점 문제로 나눌 수 있다. 4점 문제 중에서 킬러 문제를 제외한 것이 비킬러 4점 문제이다. 나는 수학은 기출문제 위주로 공부하였다. 기출문제를 풀며 내 실력을 점검하고, 다른 문제집이나 실전 모의고사를 병행하며 실전 감각과 문제풀이 능력을 키워나갔다. 또, 틀린 문제는 해설을 꼭 보고 내 것으로 만들려고 하였고 맞은 문제도 깔끔하게 풀지 못하고 애매하게 푼 경우에는 해설을 읽어 보았다.

수학은 절대 시간이 부족하거나 빠듯한 시험이 아니라고 생각한다. 그래서 실전을 대비하여 연습할 때도 시간 단축에 초점을 두지 않았다. 문제를 잘 풀게 되면, 굳이 빠르게 급하게 풀려 하지 않아도 시간은 자연스럽게 단축되기 때문이다. 그래서 문제풀이의 속도 향상보다는 실력 향상에 중점을 두고 공부했다.

1. 2~3점 문제

2~3점 문제는 개념만 정확히 알고 있다면 해결이 가능하다. 바꿔 말해 이 부분 문제를 틀렸다면 오개념을 갖고 있거나 개념을 완벽히 숙지하지 못하다는 이야기도 된다. 2~3점 문제를 틀리면 단순 실수라면서 그냥 넘어가는 경우가 많다. 다른 과목에서도 마찬가지이지만, 수학은 특히 실수인지 모르는 것(또는 잘못 알고 있는 것)인지 정확히 알고 개선하려고 하는 것이 중요하다.

2. 비킬러 4점 문제

개념을 정확히 숙지하는 것은 물론 어느 정도 문제 풀이 스킬도 갖추어야 무난히 해결할 수 있다. 문제 풀이 스킬은 강의를 통해 배우거나, 기출문제를 풀면서 경험에서 얻을 수도 있다. 가장 좋은 방법은 강의를 통해 배운 문제 풀이 스킬을 기출문제나 다른 문제를 푸는 데에 적용해 보는 것이다. 이렇게 하면 문제 풀이 스킬을 자기 것으로 만드는 데에도 도움이 되고, 자신과 맞는 더 좋은 풀이 방법을 찾아낼 수도 있다. 비킬러 4점 문제를 풀 때 한 가지 더 필요한 것은 정공법으로 푸는 연습을 해 보는 것이다. 유형이 알려진 몇몇 비킬러 문제는 편법 풀이가 존재하기도 한다. 이러한 편법 풀이는 대부분 특수한 조건이나 상황에서만 사용할 수 있는 것들이기 때문에 편법에 의존하다 보면 문제가 조금만 바뀌어도 푸는 데 어려움을 느낄 수 있다. 비록 실전에서는 편의나 시간 단축을 위해 편법을 사용할 수 있겠지만, 연습하고 공부하는 단계에서는 정공법 풀이도 연습해 보는 것이 바람직하다.

3. 킬러 4점 문제

킬러 문제는 나도 처음에는 푸는 것이 어려워서 문제 풀이 강의를 들으며 푸는 법을 배웠다. 킬러 문제는 전혀 갈피가 안 잡히고 너무 오래 걸리는 문제가 아니라면, 강의를 듣기 전에 문제를 먼저 풀어보고 강의를 들으며 자신의 풀이를 피드백하고 개선하는 것이 중요하다. 처음에는 기출문제를 몇 번이고 풀어보고 분석하면서 연습했다. 그러다 보니 킬러 문제 하나를 비킬러 4점 난이도의 문제가 여러 개 연결된 것으로 보고 해결하는 나만의 접근법을 만들어낼 수 있었다. 이후에는 인강에서 배운 풀이와 내가 터득한 접근법을 함께 적용하여 킬러 문제를 더 잘 해결할 수 있게 되었다. 킬러 문제는 연습할 수 있는 문제 수가 많지 않다. 기출문제가 아닌 문제집의 경우 일부 교재만이 수능을 대비하기 적절한 양질의 킬러 문제를 수록하고 있기 때문이다. 그래서 나는 많은 양의 문제를 풀기보다는, 기출문제와 좋다고 생각한 킬러 문제집을 여러 번씩 지우고 다시 풀면서 모든 문제를 완벽히 내 것으로 만들고자 했다. 현우진 선생님의 《드릴》 같은 경우가 그런 문제집이었다.

미적분에 한정하여 킬러 문제를 푸는 데에 도움이 되는 방법으로 그래프를 그리는 연습을 들 수 있다. 함수의 그래프를 그려보면 문제 풀이에 도움이 되는 실마리를 생각보다 많이 발견할 수 있다. 정확한 그래프가 아닌 개형만 잘 그릴 줄 알아도 킬러 문제의 체감 난이도가 많이 낮아진다.

．．．．
영어

앞서 말한 대로 영어는 1등급만 유지하겠다는 생각으로 공부
했다. 영어는 한번 1등급을 찍어놓으면 계속 1등급을 찍을 수 있
는 과목이다.

영어는 빈칸 추론이 제일 어렵다고들 한다. 독해력도 중요하
다. 그리고 무엇보다 단어를 알아야 하는데, 수능 영어에 필요한
단어만 알면 웬만한 문장은 해석 가능하다. 수능 필수 단어의
경우 인강 강사들이 정리해둔 강의 자료나 책을 활용하는 것이
좋다. (시중 단어 관련 책은 불필요한 단어가 많이 포함되어 있다는 느
낌이 들었다.) 물론 단어는 많이 외워둘수록 좋지만 영어에 투자
할 시간이 많지 않아 딱 필요한 만큼만 외워야 할 때는 이런 방
법이 도움이 된다.

영어에서는 제일 어려운 문제가 빈칸 추론과 문장 삽입 유형
에서 나오는데, 보통 빈칸 추론 중 두 문제와 문장 삽입 중 한
문제가 어렵게 나온다. 제일 어려운 이 세 문제는 모두 비연계 지
문에서 출제된다. (내가 시험을 볼 때는 그랬는데 요즘 수능은 변했을
지도 모르겠다.) 연계 지문의 경우 사실 연계 교재에서 미리 그 지
문을 보지 않았더라도 어느 정도 문제 풀이 능력이 뒷받침되기
만 하면 즉석에서 보고도 쉽게 풀 수 있는 문제가 많았다. 웬만

하면 읽어봤을 때 제일 자연스럽게 느껴지는 게 있었다. 그런데 비연계의 경우 새로운 지문이라 꼭 읽고 풀어야 하는 데다 문제도 꽤 어렵게 출제된다. 난 1등급 받는 것만을 목표로 했기 때문에 세 문제까지는 여유가 있으므로 영어 공부에 크게 공을 들이진 않았다. 또 진짜 어려운 문제들은 위에서 말했듯 비연계 지문으로 나오기 때문에 영어 실력 자체가 올라가는 게 아닌 이상 대비 가능한 연계 공부를 길게 한다고 해서 맞힐 수 있는 게 아니었다. (물론 이건 연계 지문으로 출제된 문제 정도의 난이도를 갖고 있는 문제는 설령 처음 보는 지문이라 해도 즉석에서 풀 수 있는 영어 실력을 갖고 있는 사람에게만 적용되는 이야기다.) 비연계는 일단은 최선을 다해 풀어보고 맞으면 좋고 틀리면 어쩔 수 없다는 마인드로 접근했다.

나는 영어 공부가 도통 즐겁지 않았다. 성적의 균형을 맞추기 위해 어쩔 수 없이 했을 뿐이었다. 그래도 연계 교재는 다 풀자는 생각은 갖고 있었는데 결국 수능 끝날 때까지 다 안 풀었다. 토요일 자습 시간에 수능 스케줄에 맞춰서 모의고사 전체를 푸는 연습을 할 때만 영어 문제를 풀었다.

그럼에도 내가 영어 1등급을 받을 수 있었던 이유는 고등학교 들어가기 전에 영어 공부를 많이 해두었기 때문일 것이다. 영어는 중학교 때 고등학교 빈칸 추론까지 공부했다. 중학교 때도 영어를 싫어했지만 그때는 고등학교 때에 비해선 시간을 많이 들였다. 초등학교 때부터 단어를 외웠던 것도 도움이 되었다.

. . . .
과학탐구

과탐은 개념이 크게 어렵지 않은 것에 비해 킬러 문제 유형이 꽤 복잡하고 시간 압박도 커서 시험 난이도가 높다.

과탐은 개념이 그렇게 중요하지 않은 반면 실전이 중요하다. (물론 개념을 정확히 아는 것도 매우 중요하다. 헛점을 노리고 내는 문제들이 있어서 개념이 헷갈리게 되면 가끔 쉽고 단순한 문제도 틀리는 경우가 있다. 개념이 중요하지 않다기보다는 개념이 크게 어렵지 않은 것에 비해 킬러 문제 유형의 복잡함과 실전에서의 시간 압박 등으로 개념 난이도와 실전 시험 난이도 사이의 괴리가 크다는 의미다.)

화학, 생명과학은 개념 자체는 어렵지 않은데 그걸 퍼즐처럼 꼬아서 응용문제를 내기 때문에 그런 패턴에 대한 풀이법을 알고 있어야 한다. 기출문제에 나온 모든 유형의 풀이법을 숙지하고 있는 게 중요하다. 나도 화학, 생명과학 킬러 문제가 안 풀리면 기출문제를 보면서 킬러 문제를 싹 다 공책에 적었다. 그런 다음 문제들을 풀 때 어디서 근거를 찾고 어떻게 풀어 나가는지 쭉 점검했다. 그리고 나중에 다른 문제를 풀 때 그때 정리한 방법을 사용했다.

빠른 상황 판단력도 필요하다. 앞서 말했듯 나는 한 문제에서 몇 초 이상 생각이나 풀이에 진전이 없으면 표시만 해두고 다른 문제로 미련 없이 넘어갔다. 이렇게 해두고서 나중에 다시 돌아와 푸는 게 훨씬 효과적이다.

인기 인강 활용하기
- 고3이 되면 시간이 절대적으로 부족하기 때문에 학생들에게 인기 많은 수업은 대부분 필요한 것만 알려주는 강의다. 남들이 많이 듣는 수업을 눈여겨보자.

📝 내가 독해력을 키운 방법

공부의 기본은 독해력이다. 그리고 독해력을 기르는 가장 기본적인 방법이 바로 독서다. 그런데 나는 독서를 그리 즐기지 않았다. 어릴 때 동화를 읽지 않아 《인어 공주》에 대해서도 몰랐고, 아직까지 《이상한 나라의 앨리스》와 《어린 왕자》의 내용도 잘 알지 못한다. 하지만 《해리 포터》 시리즈는 매우 재밌게 읽고 좋아했다. 특히 《죽음의 성물》은 세 번 읽었다. 시험 기간에도 읽었을 정도다. 이외에는 과학 분야 책을 주로 읽었다. 고등학생 눈높이에 맞춰서 나온, DNA나 유전학, 화학 관련 책들을 봤다.

그런데도 고1 때부터 국어 성적이 꾸준히 높게 나왔다. 그 이유에 대해 엄마와 얘기를 나눠본 적도 있는데 어릴 때 공부해둔 한자와 관련 있는 것 같다는 결론을 내렸다. 우리말의 70% 이상은 한자어다. 한자를 알면 모르는 어휘의 뜻을 유추할 수 있고, 어휘력을 빠르고 쉽게 늘릴 수 있다. 저학년 때 한자 공부를 하면 읽기, 쓰기 같은 국어 실력의 토대를 다지고 어휘력을 키우는 데 도움이 된다는 연구 결과도 있었다. 실제로 나는 알고 있는 한자가 많은 편이다 보니 처음 보는 단어도 그 뜻을 대부분 유추할 수 있다.

초등학교 때부터 수강한 '스피드북(현 스터디포스)'이라는 프로그램도 도움이 됐다. 의미 단위 읽기가 체화되어 공부 능률이 극대화되고 빠르고 정확하게 읽는 능력이 형성되어 독해 습관이 수능에 최적화된다는 커리큘럼이었다. 먼저 점을 따라 눈을 움직이게 하고 그다음에는 회색 바탕에 검은색 글씨로 다 안 보이게 해놓는데, 단어, 문장, 구 단위로 빛을 비춰서 보여주면서 구 단위 읽기를 연습한다. 독해의 단위를 확장시키는 훈련이었다. 그다음 미니 게임으로 단어를 엄청 빨리 깜빡이게 해서 뭔지 맞히는 훈련을 한다. 짧은 지문을 읽은 다음 지문을 보지 않는 상태에서 머릿속에 남은 기억으로 지문과 관련된 객관식 문제를 푸는 훈련도 했다. 이런 패턴의 문제들을 하루에 열 세트씩 풀었다. 역사, 인문, 사회, 상식 등 비문학 분야의 자문들이 나왔기 때문에 나도 모르게 여러 분야를 공부하게 되는 효과도 있었다.

수능 100일
카운트다운

아침 8시, 학생들이 무리 지어 교문을 통과한다. 무거운 가방을 메느라 어깨가 축 처진 학생들이 잠이 덜 깬 얼굴로 교실로 들어가 자습을 한다. 첫 교시는 하품하고 꾸벅꾸벅 조는 아이들이 많다. 나도 6월 모의평가 전에는 비몽사몽일 때가 많았다. 그런데 밤에 몰래 하던 핸드폰 게임을 완전히 끊은 후 컨디션이 좋아졌다. 하루 6시간씩 꼬박꼬박 잠을 자니 오전 중에도 머리가 맑아서 공부에 집중할 수 있었다.

고등학교 1, 2학년 땐 아침 8시부터 5시까지 수업을 하고, 저녁 10시 반까지 야간자율학습을 했다. 고3이 되고 나서도 비슷한 스케줄로 생활하다가 2학기부터는 선생님들이 수능 대비하라고 자습 시간을 많이 주셨다.

드디어 수능이 100일 앞으로 다가왔다. 뉴스와 신문에서 '수능 D-100일 전략'과 같은 내용을 다루었다. 그날 누군가 칠판 한편에 큼지막한 글씨로 'D-100'이라고 적었다.

"벌써?" "나 어떡하냐!"

이미 알고 있었는데도 갑자기 교실이 술렁였다.

종례 시간, 담임선생님이 칠판에 쓰인 'D-100'을 보시더니 지우개로 지우셨다.

"이런 거 쓰지 말아라. 100일이다 50일이다 신경 쓰지 말고 오늘 하루를 충실하게 살면 분명 좋은 결과가 있을 거야."

그 숫자는 확실히 압박감을 주었다. 우리 학생들은 12년의 교육과정 동안 숱한 시험을 치른다. 세상 모든 일은 반복하면 익숙하고 편해진다는데 시험만은 그렇지 않다. 시험이 다가올 때마다 초조하고 떨린다. 하물며 12년 공부의 대미를 장식할 수능은 오죽할까.

수능이 100일 남짓 남자 공부가 안 된다고 하소연하는 친구, 슬럼프에 빠진 친구가 생겼다. 시간은 한정되어 있는데 공부할 건 많다고 생각하니 압박감과 무기력감을 느끼는 것이다. 시간이

촉박할 때의 장점은 집중력을 발휘할 수 있다는 점이다. 하지만 자신에게 지나치게 완벽함을 요구하다 보면, 오늘 할 일을 하기도 전에 마음이 지쳐버린다.

100일은 결코 짧은 시간이 아니다. 시간이 얼마 남지 않았는데 이제 와서 공부해봤자 성적이 오를 리 없다고 지레 포기하지 말자. 그런 생각에 빠져 있을 시간에 지금껏 공부해온 내용을 위주로 실수를 줄여 나가는 노력을 한다면 한 문제라도 더 맞힐 수 있다.

그리고 '진인사대천명'이라고 했다. 하늘은 정말 스스로 돕는 자를 돕는다. 이건 내가 수능에서 직접 경험한 일이기도 하다. 좋든 싫든 그동안 열심히 달려왔는데 결승점 앞에서 힘이 빠지면 억울하다. 수능이 끝난 후 후회하지 않도록 마지막의 마지막까지 최선을 다해야 할 것이다.

선생님이 칠판에서 100일이란 숫자를 지워버린 날, 나도 시험까지 남은 날짜를 지워버렸다. 기다리지 않아도 그 시간은 다가올 테니까 내가 할 수 있는 일은 내 페이스대로 달리면서 끝까지 최선을 다하는 것뿐이었다.

'게임 덕후'답게 나는 가끔 '공부가 하나의 게임이라면?' 하는 생각을 했다. 게임 스토리는 정말 다양하다. 유럽 신화를 바탕으로 하는 게임, 현대 문명이 멸망하면서 원시시대로 돌아간 인간들을 다룬 게임, 좀비로 가득한 세계에서 백신을 얻는 게임, 가상의 세계와 종족들의 이야기를 다룬 게임 등. 여기서 주인공은 태생적인 한계나 특별한 능력을 지니고 갈등과 대립 상황을 돌파해 나간다. 각각 게임마다 주인공의 목표는 다르겠지만, 게임 스토리를 한마디로 정리하자면 '주인공의 위대한 여정'이다.

그렇다면 나는 어떤 세계관 속에 있을까? 초·중·고 12년의 교육과정 안에서 대학이라는 목표를 향해 달려가는 스토리. 게임 속엔 다양한 퀘스트들이 있고 나를 포함한 학생들이 플레이어가 된다. 이 게임의 엔딩이 대입이라면 수시와 정시는 메인 퀘스트일 것이다. 중간고사, 기말고사, 모의평가는 서브 퀘스트라고 할 수 있다.

이 게임의 좋은 점은 연습 모드가 있다는 것이다. 나는 모의고사를 풀 때나 기출문제를 풀 때 그런 생각을 했다. 수능은 일단 보면 결과를 되돌릴 수 없는 메인 퀘스트지만 모의평가는 실패해도 다시 기회가 주어지는 연습 게임이다.

나는 연습 게임을 착실히 하며 계속해서 레벨업을 했다. 그 과정에서 보스가 어떤 패턴으로 움직이고 어떤 공격을 할지 파악했다. 그리고 공격을 당해도 치명상을 입지 않을 만큼 자신을 단련하고 약점을 보완했다.

게임 속에서 플레이어의 직업은 다양하다. 어세신, 위저드, 스나이퍼, 나이트 등. 우리 학생들은 게임 속에서 '수험생'이란 직업을 부여받는다. 이 세계가 마음에 들지 않는 플레이어들은 전직 퀘스트를 하러 갔을 수도 있다. 계속 수험생으로 남은 플레이어들은 이 세계가 우리를 훈련시키기 위해 고안한 다양한 퀘스트를 수행한다. 내게 주어진 퀘스트를 안 해도 상관없다. 다만 엔딩이 바뀔 뿐이다. 퀘스트를 성실히 수행하지 않으면 게임을 처음부터 다시 시작해야 할 수도 있다.

이 게임의 끝은 해피 엔딩일까, 배드 엔딩일까, 아니면 숨겨진 엔딩일까? 나는 처음부터 '서울대 의대 합격'을 나의 엔딩으로 설정해두었다. 그러니 연습 게임을 게을리할 수 없었다. 수능이란 보스에게 완승까진 거두지 못할지라도 쉽게 밀리고 싶진 않았다.

📝 잘하려고 하지 말고 그냥 하자

도저히 공부가 안 되는 날도 있다. 잠시 쉬어 가도 되는 시기라면 머리를 식히러 나가는 게 가장 좋다. 하지만 시험이 코앞이라던가, 며칠 동안 놀기만 했다면 어쩔 수 없이 공부할 조건을 만들어야 한다.

방법은 별것 없다. 나는 무조건 책상 앞에 앉았다. 인강을 틀고 선생님 말씀에 적극적으로 호응하기도 하고, 연필을 손에 쥐고 책에 줄을 긋거나 문제를 풀었다. 머리가 '지금 너 뭘 하는 거야? 공부가 머리에 들어오지도 않잖아' 하고 비웃더라도 몸은 공부하는 자세를 갖추고 집중하는 척해보는 것이다.

이는 '관성의 법칙'으로 설명할 수 있다. 관성의 법칙은 외부에서 힘이 가해지지 않는 한 물체는 자기 상태를 그대로 유지하려고 하는 법칙이다. 정지한 것은 영원히 정지한 채로 있으려고 하고, 운동하던 것은 계속 운동하려고 한다. 그래서 게임을 하다 보면 '3일 뒤 시험인데…' 하면서도 멈춰지질 않는 것이다. 공부도 마찬가지다. 일단 하다 보면 긴 시간 집중하진 못하더라도 공부를 하게 된다.

시작하기가 어려울 뿐 일단 하다 보면 힘들고 짜증스러운 마음은 어느새 조금씩 사라진다. 처음부터 너무 오랜 시간 앉아 있으려고 하지 않아도 된다. 매일 지속할 수 있는 습관으로 자리 잡는 것이 훨씬 중요하다. 오늘 10분 참고 공부했다면 내일은 30분, 그 다음에는 1시간, 2시간으로 집중하는 시간이 늘어날 것이다.

공부하기 완벽한 때란 없는 것처럼 공부하기에 완벽한 기분도 없다. 우리 뇌는 일단 어떤 일을 시작하면 측좌핵이 스스로 활발하게 움직여서 그 일을 지속할 수 있도록 한다. 이것을 '작업 흥분'이라고 한다. 그래서 공부를 일단 시작하면 계속하게 될 가능성도 커진다.

　대학 공부도 고등학교 때와 크게 다르지 않다. 나도 공부가 잘되는 날이 있고 집중이 안 돼서 힘든 날도 있다. 그래도 꼭 해야 하는 날이면 '하기 싫다. 좀 눕자' 하는 마음을 무심히 지나친다. 노트를 펴서 어제 공부한 것이나 오늘 공부할 것을 정리하기 시작한다. 하다 보면 집중이 되고, 결국 남는 건 오늘 내 할 일을 해냈다는 뿌듯함이다.

　공부에 집중이 안 될 때 내가 사용하는 팁을 한 가지 더 말하자면, 나는 빈 종이에 들었던 강의 내용을 자유롭게 써보는 방법을 종종 사용한다. A4 용지를 꺼내서 다시 내가 보기 좋은 형태로 정리하듯 하나씩 내용을 써보는 거다. 그렇게 쓰고 정리하다 보면 어느 순간 몰입이 되는 느낌이 든다.

Q "비대면 수업이 계속되면 공부에 악영향을 미칠까요?"

A 자연과학 역사상 가장 위대한 발견은 페스트로 대학이 휴교한 기간에 이루어졌어요. 위기는 곧 기회이며 모든 것은 마음에 달려 있습니다.

처음 비대면 수업을 할 때 우리 학교 '에브리타임'(대학생 온라인 커뮤니티)에서 찬반 논쟁이 벌어졌다. 쟁점은 수업의 효용성이었다. 공부를 열심히 하고 싶은 사람은 수업의 퀄리티나 집중도를 우려했는데 결론적으로 여론이 확 바뀌었다. 첫날에 서버 문제로 접속 장애 등 시행착오가 있긴 했지만, 대면과 비교해 강의 듣기 어렵거나 전달이 안 된다거나 하는 문제가 없었기 때문이다. 교수님이 줌 화면 공유로 강의하시며 PPT를 띄워주시니 대면 강의와 큰 차이가 없었다.

나는 처음부터 비대면 수업을 찬성했다. 첫 번째는 개인적인 이유인데 몸이 편해져서다. 매일 통학하느라 왕복 4시간이 걸렸는데 집에서 수업을 들으니 급하게 씻고 나갈 필요도 없고, 옷도 편하게 입을 수 있었다. 머리를 안 감았을 땐 모자를 눌러 썼다.

카메라 안 켜도 되는 수업은 편안한 자세로 들었다.

두 번째 이유는 학습 효율이다. 본과 수업도 실습 빼고는 비대면 수업이 가능했다. 수업은 실시간 수업과 녹화 강의가 있는데, 녹화 강의는 하루 중 아무 때나 출석해서 강의를 들으면 된다. 나처럼 아침잠이 많은 사람은 억지로 일어나 현강을 들으면 학습 효율이 떨어질 수 있다. 아예 잠을 푹 자고 정신이 명료한 상태에서 강의를 들으니 이해가 잘됐다. 또 여러 번 들을 수 있어서 공부하는 데 도움이 됐다. 이렇게 자유도가 높은 게 나에겐 훨씬 잘 맞았다.

비대면 수업이 계속된다면 공부에 영향이 있을까? 시스템에 적응하느라 초기엔 불편함을 느낄 수 있지만, 나는 영향을 받지 않을 것 같다. 원래부터 혼공에 익숙하기도 하고, 대학은 어차피 모든 공부가 자율성에 기반을 두기 때문이다. 처음엔 모두 비대면 수업 환경을 낯설어하고 어려움과 불편을 느꼈지만, 이제 학생들도 차츰 적응하면서 자기만의 공부 방법과 생활 패턴을 찾아가고 있는 것 같다.

비대면 학습 환경에서 가장 아쉬운 건 친구의 존재다. 다행히 요즘은 인터넷이 발달하여 온라인을 통해 만날 수 있긴 하다. 많은 학생이 온라인 독서실에 함께 모여 공부하면서 자극도 받고 서로를 응원한다. 공부뿐 아니라 회의를 하고 조별 과제도 할 수 있다. 나도 줌을 이용해 동기들과 스터디를 하고 있다. 학교에서나 카페에서 모여 할 때와는 느낌이 달랐지만 어느새 적응됐다.

코로나 이후 학습 환경에 큰 변화가 있으리라고 본다. 교수님들 사이에서도 비대면과 대면 수업의 효용성에 대한 견해가 엇갈린다. 대면 수업이 효과가 있는 경우도 분명히 있고, 비대면으로 진행해도 괜찮은 과목이 있다. 그래서 코로나가 종식돼도 비대면 수업을 병행하겠다고 하는 교수님도 계시다.

사실 열심히 들을 사람한테는 어떤 방식으로 수업이 주어지든 큰 상관이 없다. 반대로 애초에 들을 생각이 없다면 어쩔 수 없는 것이다. 그런 경우라면 현강을 하더라도 출튀를 하거나 결석을 할 테니 말이다. 그러니 어떤 환경에서 수업을 듣는가보다는 내가 공부를 할 마음을 갖고 있는지의 여부가 훨씬 중요하다. 비대면 상황의 장점을 빠르게 흡수하고 거기에 맞춰 내 공부법을 만들어둔다면 다른 사람들보다 앞서 나갈 수 있는 기회를 잡게 될 수도 있다.

6

수능, 그리고
그 이후의 이야기

지치고 힘이 든다면 그만큼 노력했다는 증거다.

슬럼프에 빠진 건 그동안 열심히 달려왔기 때문이다.

성적이 떨어져서 불안을 느낀다면 나에게 목표가 있다는 것이다.

갑자기 다 포기하고 싶어지는 건 그만큼 열정적이었다는 것이다.

이 모든 것은 내가 꿈이 있고 그만큼 공부에 진심이라는 것을 반증한다.

그러니 힘든 길을 걷고 있는 내가 넘어져도 다시 일어날 수 있도록

격려해주어야 한다.

준비했기에 두렵지 않았던
결전의 날

수능이 끝날 때까지 나의 작은 즐거움은 웹툰이었다. 게임을 하지 못하게 된 상황에서 웹툰은 거의 유일한 즐거움이었던 데다 그즈음 내가 보던 웹툰인 〈신의 탑〉 내용이 한참 하이라이트로 가던 때라 매주 그 웹툰이 올라오는 날을 손꼽아 기다렸다.

끝나는 게 아쉬워서 조금씩 스크롤을 내려가며 보았다. '다음 주까지 또 어떻게 기다리지?' 이어질 내용이 궁금해 미칠 지경이었다. 어서 다음 주가 오길 바라다가 문득 깨달았다. 다음 화는 수능을 치른 후에야 볼 수 있다는 것을. 그제야 수능이 코앞이란 걸 실감했다.

"엄마, 나 수능이 기대돼요."

내 말에 엄마가 고개를 갸웃하셨다. '시험이 빨리 끝나서 자유를 누리고 싶다'는 마음에서 기대감이 생긴 건 아니었다. 정말 시험 보는 게 기대됐다. 나조차도 이 기분이 뭘까 싶었다.

"한 방에 끝나는 시험인데 기대된다고?"

"네, 좀 이상한데 하여튼 그래요."

"신기하네. 긴장 안 하는 건 좋구나."

수능 시험 전날, 시험장을 답사한 후 집에 돌아와서 마지막까지 기출문제를 확인했다. 내 준비가 100% 완벽할 순 없지만 충분히 했다는 생각이 들 때까지 하고 싶었다.

의사라는 꿈을 꾸면서 6년간 목표를 향해 달려왔다. 그리고 지난 3년간은 더욱 전력을 다했다. 그동안 수없이 치렀던 연습 게임이 떠올랐다. 내일 시험은 연습이 아닌 진짜 승부였지만, 연습한 대로만 하면 될 것 같았다.

나의 마음을 설명할 말을 찾다가 고사성어 하나를 떠올렸다. '유비무환(有備無患)', 준비가 있으면 근심이 없다. 맞다. 나는 열심히 준비했기에 두렵지 않았다. 최선을 다해 촘촘히 준비했기에 설렘을 느꼈고, 설렘이 시험에 대한 두려움을 넘어섰다. 두근거리는 마음을 다잡으며 애써 잠을 청했다.

아침 6시, 엄마가 깨우는 소리에 번쩍 눈을 떴다. 평소라면 꾸물거리는데 그날은 부지런히 움직였다. 갑자기 안 먹던 걸 먹으면 탈이 나니까 평소처럼 아침으로 선식을 먹었다. 워낙 밥을 늦게 먹는 편이라 초등학교 때부터 아침엔 늘 선식이었다. 집에서 6시 50분에 출발했다.

엄마와 헤어져 시험장 안으로 들어가는데 뭔가 허전했다. 엄마가 아침 일찍 일어나 정성스럽게 준비해주신 도시락을 차에서 내릴 때 챙기지 못한 것이다. 안절부절못하다가 정문에서 수험표를 확인하시는 분께 사정을 말씀드리고 전화기를 빌려서 엄마에게 전화했다. 5분도 안 되어 엄마가 오셨다. 내가 내리고 도시락을 안 가져간 걸 아시고 안타까워하시던 참이었다고 했다. 엄마가 도시락을 건네주면서 한마디 하셨다.

"너 지금 너무 들떴어. 마음 가라앉히고 침착하게 시험 봐야 한다."

"네, 명심할게요."

나는 손을 흔들고 씩씩하게 시험장 안으로 들어갔다.

"정말 만점 맞아?
다시 채점해보자"

대망의 수능 첫 교시. 시험지를 펼치는데 심장이 두근두근했다. '어떤 문제가 나왔을까?' 하는 기대감에 차서 언어 영역을 시작했다. 앞부분의 화작문과 문법은 원래 15분 만에 푸는 문제다. 그런데 그날따라 시간이 좀 걸려서 문제 순서를 바꿔서 풀었다. 평소보다 화작문을 푸는 데 5분 정도 더 걸렸다는 것 빼고는 무난하게 시험을 마무리했다.

2교시 수학 영역도 큰 어려움은 없었다. 21번 문제가 이례적으로 쉬운 것이 나왔고, 30번은 문제를 되게 잘 만들었다고 느꼈다. 문제를 많이 풀다 보니까 학생들의 실력을 측정하기 위해 잘

고안된 문제를 만나면 감탄하게 됐다. 30번 문제가 그랬다.

점심시간에는 친구 세 명과 밥을 먹으면서 오전에 본 과목에 대해 이야기했다. 다들 초상집 분위기였다. 이런 상황에서 난 괜찮았다고 하는 건 눈치 없는 일이라 묵묵히 밥을 먹었다. 그런데 수학 29번 문제의 답을 넷이서 맞춰보니 세 가지 답이 나왔다. 그때는 솔직히 좀 혼란스러웠다. 하지만 나는 내 풀이에 확신이 있었기에 더는 생각하지 않기로 했다.

3교시 영어 영역은 가장 안정적으로 본 과목이다. 다 맞을지도 모른다고 생각했다. 4교시에 한국사는 쉽게 풀었고, 남은 시간에 생명과학II는 개념을 시험지에 쓰면서 점검했다. 화학I은 무난하게 푼 반면 생명과학II에서는 고비가 있었다. 20번 문제가 이상한 방향으로 풀려서 일단 문제 푸는 걸 중단했다. 그리고 다른 문제로 넘어갔다. 다른 문제를 차분하게 풀고 나서 답을 고르기 애매한 14번과 20번으로 돌아왔다. 가채점표도 써야 해서 더는 생각할 시간이 없었기에 14번은 과감하게 찍고, 20번도 최대한 내가 생각할 수 있는 데까지 생각해서 남은 선택지 둘 중에 답을 찍었다.

수능은 모의고사와 다르게 시험이 끝나도 시험지를 점검하는 30분 동안 자리에 앉아 있어야 한다. 나는 30분 동안 계속 20번 문제를 머릿속으로 되돌려보았다. 확실하진 않지만 맞는 답을 고른 것 같았다. 14번은 어쩔 수 없다는 생각을 하며 운에 맡기기로 했다. 그런데 시험장 밖으로 나갈 때 그 문제를 푼 친구가 답이 4번일 거라고 했다. '어랏? 찍었는데 맞으면 대박이겠는데?' 나는 혹시나 하는 희망을 품었다.

드디어 수능 끝. 그날 저녁엔 엄마와 6개월 전부터 약속한 파티가 예정되어 있었다. 나는 집을 향해 발걸음을 재촉했다.

우선 바로 답을 맞춰보았다. 국어 표준점수 100점, 수학 100점, 영어는 91점이었는데 절대평가로 1등급이었다. 시험장에서도 느낌이 좋았는데 성적이 잘 나와서 다행이었다. 한국사와 과탐 답안은 저녁 8시 10분쯤 공개될 예정이었다. 과탐 14번과 20번 문제가 마음에 걸렸다.

답이 공개되자마자 평가원 서버가 터졌다. 곧바로 자주 가던 수험생 카페를 확인했다. 서버에 먼저 접속한 사람들이 답을 올려주었다. 제일 먼저 생명과학 14번과 20번 문제 답을 확인했다. 아리송했던 20번이 맞고, 찍은 14번도 맞았다. 정말 뛸 듯이 기뻤다. 나머지 문제들의 답도 맞춰보았다. 화학I 50점, 생명과학 II 50점(100), 한국사 50점으로 만점이었다.

만점인 거 같다고 엄마에게 말씀드렸더니 다시 한 번 맞춰보자고 하셨다. 엄마와 함께 다시 답을 맞춰보았다. 이번에도 점수가 같았다. 내가 가채점표를 제대로 적고, OMR 카드에 실수 없이 마킹했다면 맞는 점수였다. 시험 보기 전날 친구들이 "지명아, 꼭 만점 받아라. 너는 가능할 것 같아" 했었다. 그리고 계속 "만점! 만점!"을 외쳤다. 나도 웃으면서 말했다.

"정말 그러면 좋겠다."

그런데 친구들과 나눈 이야기가 현실이 되어서 놀라웠다. 첫 영역부터 문제가 잘 풀렸고 찍은 문제도 맞았다. 이런 행운이 나에게 일어나다니! 신이 있다면 분명히 그동안의 내 노력을 가상하게 여겨주신 것 같았다.

시험을 잘 보지 못하더라도 최소한 후련한 감정을 느끼길 바랐던 날이다. 그런데 간절히 원하면서도 정말 이루어질까 막연했던 일이 실제로 벌어졌다. 성적표를 받기 전까지는 설레발치지 말자고 하면서도 자꾸 웃음이 새어 나오는 건 어쩔 수 없었다. 내 인생에서 그렇게 행복한 순간이 또 올까 싶었다. 노력에 대한 보상을 받을 수 있다는 것 자체가 내겐 행운처럼 느껴졌다.

2019학년도 대학수학능력시험 성적통지표

수험번호	성 명		생년월일	성 별	출신고교 (반 또는 졸업년도)		
	김지명			남	선역고등학교 (6)		
구 분	한국사 영역	국어 영역	수학 영역 가형	영어 영역	과학탐구 영역		제2외국어 /한문 영역
					화학I	생명 과학II	
표준점수		150	133		67	70	-
백 분 위		100	100		99	100	-
등 급	1	1	1	1	1	1	-

2018. 12. 5.
한국교육과정평가원장

실제 수능 성적표

한 달 후 성적표를 받던 날, 평가원에서 전화가 왔다. 내가 만점자임을 알려주는 전화였다. 보통 해마다 만점자가 열다섯 명정도 나오는데 2019학년도 수능은 만점자가 아홉 명밖에 나오지 않은, 일명 '불수능'이었다고 한다. 그동안 혹시 OMR 카드에 마킹을 잘못해서 점수가 다르게 나오면 어떡하나 은근히 걱정했었다. 만점자임이 공식적으로 확인되자마자 여기저기서 인터뷰 요청이 쇄도했다.

📝 네이버 '수만휘' 카페에 기고했었던 수능 후기

당시에 썼던 내용을 궁금해하는 사람들이 많이 있어 이번 기회에 다시 공개한다.

1. 간단한 자기 소개와 학교 소개를 부탁드리겠습니다.

수능에서 만점을 받은, 선덕고등학교 3학년 김지명입니다.

서울대 의예과에 정시 수석 합격 했습니다. (연의, 인하의 합격)

선덕고등학교는 서울 도봉구에 위치한 광역 자사고(작년에 정시로 의예과 한 명을 포함하여 수시와 정시로 열세 명이 서울대에 합격함)

대부분의 현역이 그렇듯이 저도 수시와 정시를 병행했습니다.

수시로 가기 위해 내신을 정말 열심히 했지만 상위권의 내신 경쟁이 치열하다 보니 원하는 성적을 거두지는 못했습니다. (선덕고 1등으로 입학했지만 그 후 1등은 한 번도 못 함)

3년 내신은 서울대 기준 1.255로(연대 기준 1.27) 수시로 여섯 개 의예과에 지원했습니다. 서울, 고의, 가천의는 1차 불합격. 연의, 울의, 가톨릭의는 1차 합격했지만 면접은 가지 않았습니다.

수시보다는 정시에 조금 더 자신이 있었기에 수능 후에 면접이 있는 전형을 택했습니다.

학원은 다니지 않았고 학교 수업과 야간자율학습, 인터넷 강의로만 공부했습니다.

2. 지금까지의 중요한 수상 기록을 알려주세요. 내신이나 모의고사, 수능 성적은 어땠나요?

수상

과학의 날 과학 독후감 대회 / 은상

수리자연창의력 대회(수학 부문) / 대상

수리자연창의력 대회(과학 부문) / 대상

수리자연사고력 대회(화학 부문) / 금상

미래화학자 경진대회 / 대상

화학 경시대회 / 금상

지구과학 경시대회 / 금상

수학과제 연구대회 / 금상

논술대회 / 금상

슈뢰딩거 찾기 대회 / 금상

수학 사고력대회 / 금상

지구과학 문제해결능력 경진대회 / 금상

생명과학 문제해결능력 경진대회 / 은상

화학 문제해결능력 경진대회 / 은상

수학 문제해결능력 경진대회 / 금상

영어 독해능력대회 / 은상

생명과학 경시대회 / 대상

내신 및 모의고사

3년 총 내신은 1.255

고3 3월 모의고사: 국어 100 / 수학 100 / 영어 1등급 / 화학I 50 / 생명과학I 50

고3 6월 모의고사: 국어 100 / 수학 96 / 영어 1등급 / 화학I 45 / 생

명과학II 47

고3 9월 모의고사: 국어 100 / 수학 100 / 영어 1등급 / 화학I 45 / 생명과학II 44

수능: 국어 100 / 수학 100 / 영어 1등급 / 화학I 50 / 생명과학II 50

3. 혹시 계획법 / 노트 필기 활용 / 교재 + 인강 선택 등 공부 전반적인 부분에 대하여 후배들에게 전해줄 이야기가 있다면 들려주세요.

계획은 짜본 적이 없고 노트 필기도 하지 않아서 계획법과 노트 필기 활용에 관해선 답변하기가 어렵습니다. 인강 선택 같은 경우 (저는 패스가 있었기 때문에) 우선 1타 강사 선생님들부터 여러 선생님들의 강의를 들어보고 가장 잘 맞는 선생님의 강의를 선택하여 들었습니다. 저의 경우 대부분 1타 강사 선생님들이 잘 맞아 1타 강사 선생님들의 과목을 들었습니다.

교재 선택의 경우는 우선 저에게 필요한 교재들을 구입했습니다. 우선 수학은 4점 비킬러와 킬러 기출을 집중적으로 풀어보기 위해 《수만휘 4점 기출문제집》을 풀었고, 나중에 킬러 문제 해결력을 높이기 위해 《샤인미 인피니티 111제》나 《FiM》 등을 풀었습니다. 6월 모의평가 이후에 다양한 타입의 실전 모의고사를 풀어보기 위해 여러 실전 모의고사를 사서 풀었습니다. 과학탐구의 경우에는 《케미 옵티마》나 《UAA N제》 등 고난도 킬러 대비 문제집과 《시대인재 서바이벌 온라인 모의고사》나 《백브라더스 모의고사》 《UAA 시즌 1/2 모의고사》 등을 구매하여 풀었습니다.

자신한테 필요한 교재를 알맞게 선택하는 것뿐만 아니라 퀄리티가 좋은 교재를 푸는 것도 중요합니다. 많은 사람들에 의해 좋다고, 적어도 괜찮다고 인증된 교재를 구입해서 푸는 것이 좋은 방법입니다.

4. 평소 수면 시간이 궁금합니다. 그리고 건강관리는 어떻게 하셨나요?

수면 시간은 12시부터 6시 20분까지 6시간 정도였습니다.

러닝머신을 일주일에 두 번 뛰고, 매일 아침 영양제와 차가버섯, 직접 쪄서 말린 홍삼액을 먹었습니다.

5. 각 과목별로 어떻게 공부하면 좋을까요? 기초가 없었을 때, 그리고 완성까지 되짚어 보셨을 때 가장 효과적인 방법은 무엇이었는지 이야기를 들려주세요.

국어 처음에는 우선 다양한 작품을 접해보고 그 작품을 다루는 법을 배우기 위해서 메가스터디의 《여기다 산문편》과 《여기다 운문편》을 들었습니다. (엠베스트와 메가스터디 병행 강의로 중3 겨울에 들음) 모든 교과서의 합집합 격인 내용이라 (16종 고등국어 교과서 작품) 처음 문학에 입문할 때 많은 도움이 되었습니다.

그러고 나서 비문학과 화작문, 문법 등 전반적으로 국어 영역을 공부하기 위해 이투스의 신영균 선생님 풀 커리를 (고등학교 입학 전) 탔고 나중에는 메가스터디 최인호 선생님 강의를 들었습니다. 그 후 마더텅을 비롯하여 여러 평가원 기출문제들과 학력평가 기출문제들을 풀고 어느 정도 기본적인 실력이 완성되었습니다.

고등학교 3학년 때는 연계 교재를 공부하면서 최근 기출문제(2017, 2018, 2019 평가원)에서 답의 근거 찾는 연습을 함으로써 조금 더 내가 선택한 답에 확신을 가질 수 있도록 노력했습니다. 그리고 기출문제와 바탕 모의고사 등의 사설 콘텐츠를 이용하여 80분 내에 모든 보기의 옳고 그른 근거를 찾아낼 수 있도록 시간 단축 연습을 하였습니다.

수학 어렸을 때(초등 4) 오창영 선생님 수학 강의를 들으면서 수학에 흥미를 붙이고 열심히 더 상위 과정의 수학을 공부하는 것에 재미를 느꼈습니다. 그러면서 위 단계의 수학을 공부하기 위해서는 아래 단계, 즉 기초가 중요하다는 것을 깨닫고, 확실히 기초를 다질 수 있게 이해가 안 되는 부분은 여러 번 듣고 꼭 바로잡고 넘어가는 습관을 들였습니다.

수학의 기초는 오창영 선생님 수학(초등)과 엠베스트(중학)에서 (파트별 강의인 방정식, 함수, 확통, 기하) 닦았다고 생각합니다. 그러다 보니 고등학교 수학을 공부할 때도 개념적인 부분에서 흔들렸던 적이 거의 없었고 수월하게 내용을 이해하고 문제를 풀어낼 수 있었습니다.

수능 대비로는 메가스터디에서 현우진 선생님 풀 커리를 탔는데, 항상 교재의 문제를 먼저 풀고 나서 강의를 들었습니다. (시간은 많이 걸리지만 효과적이었음) 부족한 부분은 나중에라도 듣고 또 듣고 했습니다.

고등학교 3학년 때는 킬러 문제를 해결하고, 시간 안에 모든 문제를 풀기 위한 연습을 하였습니다. 4점 비킬러 문제에서 당황하지 않기 위해 폭넓게 다양한 문제를 풀어보았고, 시간 관리를 위해 실전 모의고사도 많이 풀었습니다.

킬러 문제는 평가원 기출 킬러 문제들을 풀어보면서 사고의 흐름을 정리하는 것이 효과가 좋습니다. 예를 들어 문제에서 구하는 것이나 주어진 조건을 봤을 때 어떤 개념을 떠올려 사용해야 할지, 그 후에 다른 조건들과 연관시켜 어떻게 풀이를 이어 나갈지를 단계적으로 생각해보는 것입니다.

영어 영어 공부는 어떻게 했는지도 모르겠는뎅 ㅠㅠ

엠베스트에서 김기훈 선생님의 강의를 들은 이후에 EBS 로즈리 선생님의 영어를 완강하고 그 후로는 가끔씩만 공부했습니다. 영어는 절대평가였기에 항상 1등급 유지할 정도로만 공부했습니다.

그래도 수능 영단어는 열심히 외웠습니다. (초등부터)

한국사 역사의 흐름을 잘 타면서 열심히 외우면 됩니다.

과학탐구 화학I과 생명과학II 모두 공통적으로 기본 개념 학습 → 기출문제 풀이 → 모의고사 형태로 된 기출 풀면서 비킬러 시간 단축 → 킬러 풀이법 집중 학습 / 연구(+ 6, 9월 문제 분석) → 실모 양치기 + 실수 관리 순서로 공부했습니다. 중간중간 개념은 여러 번 학습했고, 헷갈리는 개념이 있으면 강의를 찾아서 들었습니다.

화학I은 고1 때부터 선택하기로 해서 공부하다가 고2 때 좀 쉬었습니다. 생명과학II는 확실히 선택한 것이 고3 겨울방학 때라 위의 과정을 고3 때부터 했다고 보면 됩니다. 화학I, 생명과학II 모두 비킬러에서 시간을 줄이는 것이 중요합니다. 비킬러 추론형 문제에서 당황할 수 있기 때문에 수많은 실전 모의고사와 N제를 풀어보면서 시간 관리 연습도 하고 다양한 유형과 상황을 접해보려고 노력했습니다.

조금 어렵고 시간을 잡아먹는 비킬러 문제는 자신만의 풀이 논리나 빠른 풀이법을 만들어보는 것이 중요합니다. 인강에서도 알려주지만, 워낙 풀이 방향이 다양하다 보니 많은 문제를 풀어보면서 자신에게 맞는 방법을 찾는 것이 중요하다고 생각합니다.

킬러 문제의 경우 화학I은 인강에서 배운 풀이법을 약간 제 방식으로 변형해서 사용하니 어느 정도 시간 내에 해결되었고, 생명과학II는 좀 더 시간을 단축하기 위해 풀이 방법을 연구해보기도 하였습니다. 화학I에서 실수를 많이 하는 편이었는데, 그전까지 내가 했던 실수들, 그리고 다른 사람들이 했던 실수의 종류를 알아본 후, 문제 풀이 과정에서 실수를 방지할 수 있도록 안전장치를 마련하는 방법으로 대비했습니다.

생명과학II는 지엽적인 암기 사항이 꽤 있었기 때문에 헷갈리거나 문제에서 틀렸을 경우 이를 종이에 적어서 벽에 붙여두고 외웠습니다.

6. 수능 한 달 전부터 수능 당일까지 컨디션 관리는 어떻게 하셨고, 무엇을 하셨습니까?

수능 한 달 전이라고 해서 의식적으로 컨디션 관리를 하지는 않았습니다. 한 달 전은 아니지만 11월부터는 학교 야간자율학습시간이 줄어들어서 그 전보다 잠을 조금씩 더 일찍 잤습니다.

7. 꿈은 무엇입니까?

믿음을 주는 마음 따뜻한 의사가 되고 싶습니다.

장학금을 받을 때마다
다시 후원한 이유

다른 수능 만점자들도 있었는데 내가 스포트라이트를 받은 이유는 병력 때문이었을 것이다. 한 신문사에서 학교로 인터뷰를 와서 나의 사연이 소개된 이후 여러 신문사, 방송사에서 섭외가 들어왔다. 담임선생님이 "요즘 내가 너 때문에 힘들어 죽겠다" 하시면서도 싱글벙글하셨다. 당시 내 섭외 연락이 학교로 가서 담임선생님이 내 매니저 역할을 해주신 것이다. 친구들은 내가 만점을 받을지도 모른다고 생각했는지 만점자가 된 것에는 크게 놀라지 않았다. 그런데 생각보다 많은 곳에서 나를 취재하러 오고 내 얼굴이 신문과 TV에 나오는 건 꽤나 신기해했다.

그때가 체력적으로는 좀 힘이 들었다. 방송 출연을 위해 나를 픽업하러 온 차량에서 내내 잠을 잤다. 똑같은 얘기를 계속하다 보니 피곤하기도 했다. 나중엔 말이 입에서 술술 나왔다. 수능 만점자란 타이틀로 스포트라이트를 받는 것은 모순적인 감정을 갖게 했다. '기분이 좋다'와 '부담스럽다'는 감정이 동시에 존재했다. 이 스포트라이트가 꺼지면 나는 다시 평범한 학생 김지명으로 돌아가겠지. 그런 생각을 하면서 최대한 겸손하게 행동하려고 노력했다.

가장 기억에 남는 방송은 정각사 정목 스님이 진행하는 방송이었다. 오랜만에 만난 스님은 변함없이 따뜻한 얼굴로 나를 맞아주셨다. 우리의 인연은 백혈병 투병 초기에 시작되었다. 중학교 1학년 5월 초 서울대병원에서 전화가 왔다. 정각사에서 서울대병원 소아암 환자들에게 치료비를 지원하는 '작은사랑 지원금' 행사가 있는데 내가 그 대상에 포함되었다는 것이다.

"우리는 해당이 안 될 텐데요. 형편이 그렇게 어려운 것도 아니고 불교 신자도 아니라서요."

전화를 건 사람은 담당의 선생님이 나를 그 대상에 포함시키라고 하셨으며, 종교와 상관없이 지원해준다고 했다. 엄마는 통화가 끝난 후 우리가 그걸 받아도 될지 모르겠다고 하셨다.

엄마는 장학금을 받는 초파일 행사에 같이 가자고 하셨다. 나를 도와주시는 분들이 어떤 분들인지 직접 보고 지원금을 받는 게 예의라고 하셨다. 당시 나는 병원과 학교 가는 일 외에는 밖에 나갈 일이 없어서 외출할 구실이 생겼다는 것만으로도 그저 좋았다.

순서가 되어 내 이름이 호명되자 엄마가 내게 나가라고 하셨다. 얼떨결에 나갔더니 스님이 조금 놀라신 듯했다. 뒤에 들었는데 행사를 해온 17년 동안 환아가 직접 참여한 적은 내가 처음이었다고 한다.

백혈병에 걸렸을 땐 나만 외딴 섬에 떨어진 기분이었다. 그런데 이 세상엔 나 같은 아이에게 관심을 갖고 응원을 해주는 분들이 계셨다. 몸이든 마음이든 아픈 사람은 누군가 그 상처를 알고 어루만져줄 때 감동을 느끼고 열심히 살아갈 힘을 얻는다. 내가 그런 응원을 받았던 것처럼 나도 누군가에게 힘이 되고 싶었다. 이후 난 엄마와 함께 상의를 해서 이후 공부를 열심히 해서 인강 사이트에서 성적 장학금을 받게 되면 그걸 다시 '작은사랑 지원금' 측에 기부하기로 결정했고 그 약속을 지켰다. 고등학교에 1등으로 입학하면서 성적 장학금을 받게 되었을 때도 그 액수만큼 미리 기부를 했고 장학금 수령 기준인 2% 이내 석차를 꾸준히 지켜내어 쭉 장학금을 받을 수 있었다.

공부의 동기는 보통 나를 위한 것이다. 그런데 동시에 다른 사람을 위한 것이 될 수도 있다. 사람은 누구나 다른 사람에게 도움이 되는 가치 있는 존재가 되고 싶어 한다. 나는 일찌감치 의사가 되고 싶다는 생각을 했다. 의사가 내 공부의 목표긴 했지만, 의대 진학을 위해 열심히 공부하게 한 동기는 따로 있었다. 내가 받은 사랑을 돌려주는 사람이 되고 싶다는 마음이 나를 열심히 공부하게 만들었다. 백혈병에 걸렸을 때 받은 사랑을 장학금을 통해 갚고자 했다.

2013년 장학금 20만 원을 기부한 것을 시작으로 2014년 30만 원, 2016년 고등학교 1등 입학으로 받은 장학금 90만 원, 고2 때 100만 원, 그리고 2018년 수능 만점자로 받은 장학금 중 200만 원을 후원했다. 엠베스트, 선덕고, 메가스터디 등에서 받은 돈이다. 그리고 대학생이 된 후에는 과외로 번 돈의 일부를 기부하고 있다.

소아암 환자로 지원을 받던 내가 어느덧 수능 만점자가 되어 정목 스님 방송에 출연했을 때 스님이 말씀하셨다.

"우리는 지명이에게 300만 원을 후원했는데 지명이가 보낸 것은 모두 합쳐 440만 원입니다. 정말 놀라워요. 이런 기특한 생각을 하니까 많은 사람이 지명 군 이야기에 감동을 하지요. 내가 받은 사랑을 다시 베푸는 게 쉬운 일은 아닙니다. 정말 고맙습니다."

그날은 방송하는 자리라 조심스럽고 어색해서 내 마음을 제대로 표현하지 못했는데 이 기회를 빌려 다시 말씀드리고 싶다.

"저는 2013년 정각사 선다암에서 소아암 환아를 위한 작은 사랑 지원금 300만 원을 받았습니다. 그 일로 정목 스님을 비롯한 마음 따뜻한 분들을 알게 되었어요. 공부가 힘들 때마다 제가 받은 사랑을 되돌려드려야 한다는 생각을 하며 힘을 냈습니다. 제가 수능 만점자가 되어 원하는 대학에 진학할 수 있었던 것은 그때 베풀어주신 사랑의 힘이 컸습니다. '작은 사랑'이 아닌 '큰 사랑'이었어요. 수능 만점 받았다고 주신 장학금도 감사드립니다. 저를 행복하게 공부할 수 있는 아이로 만들어주셔서 정말 감사합니다. 받은 사랑을 잊지 않으며 조금이나마 세상에 보탬이 되는 사람이 꼭 되겠습니다."

서울대 의대 정시 수석,
그리고 다시 평범한 학생으로

    2019년 3월, 나는 오랫동안 꿈꿨던 대로 서울대 의과대학교 의예과 1학년에 입학했다. 수능 점수가 나온 후 망설임 없이 의대에 지원했고 '정시 수석'이라는 문자를 받았다. 그리고 보면 나는 고등학교, 대학교 모두 수석으로 입학했다. 물론 1등이란 자리가 영원하지 않다는 것은 알고 있다. 어릴 적 재미있게 읽었던 《나무》의 저자 베르나르 베르베르의 《기억》에 나오는 말을 빌리자면 "애벌레한테는 끝인 것이 사실 나비한테는 시작"이다. 나는 이제 의사가 되기 위한 긴 레이스를 시작하기 위해 다시 출발선에 선 것이다.

그런데 기대하지 않았던 자유 시간이 주어졌다. 서울대에서는 예과 기간에 의학에 입문하는 가벼운 과정과 함께 자기가 원하는 분야의 강의를 자유롭게 들을 수 있다. 본과에 올라가면 선택의 여지 없이 시간표가 짜여 나와서 다른 분야를 접하고 공부할 일이 거의 없다. 그래서 예과 기간에 다양한 학문을 접해볼 수 있도록 하는 것이다. 잠시 공부의 부담에서 벗어나 관심 있는 분야를 탐구해볼 수 있다니 정말 기뻤다.

나는 화학에 관심이 많아서 화학부 2학년 전공 수업을 신청했다. 의대에서도 화학을 배우긴 하지만 대부분 인체와 관련된 내용만 배운다. 생화학을 예로 들면 의대에서는 배운 내용과 관련하여 나타날 수 있는 질병이나 임상적 활용을 배우고, 화학부에서는 관련된 분자구조나 화학반응의 메커니즘을 더욱 자세히 배운다. 나는 특히 분자구조나 메커니즘에 관심이 많아서 예과 때 화학부 강의를 들어보고 싶었다.

서울대학교에서의 첫날, 나는 입학식에 가는 대신 유기화학 수업을 들으러 갔다. 고등학교 때와는 비교할 수 없이 큰 강의실에 50~60명이 되는 학생들이 자리를 잡았다. 곧 교수님이 들어와서 강의를 하셨다. 고등학생일 때 대학교 강의가 왠지 특별할 것 같았다. 처음이라 그런가 기대보다 더 특별했다. 내가 어른이 된 기분이었고, 진짜 대학생이 되었다는 실감이 났다.

입학하고 나서 한동안은 정말 행복했다. 당시 한창 인기를 끌었던 〈스카이 캐슬〉이라는 드라마에서 다들 목숨을 걸고 가고 싶어 했던 서울대 의대에 수석으로 들어갔다는 게 꽤나 뿌듯했다. 특히 입학 초기엔 과잠(학과 점퍼)을 입은 내 모습에 취했다. 이건 새내기들 특징이다. 우리 때 과잠에는 오른쪽 팔에는 서울대 마크가, 등에는 서울대 마크의 횃불과 펜을 의료의 상징으로 사용하는 아스클레피오스의 지팡이와 메스로 바꾸어 만든 새로운 마크가 그려져 있다. 일명 '뽕에 뽕을 다 넣은' 과잠이었다. 1학년 때는 나도 많이 입고 다녔다. 자랑스럽고 예뻤다. (그런데 딱 1학기만 지나도 사실 그 뽕이 다 빠져서 잘 안 입게 된다. 과잠 구매 투표를 하면 1학년 구매율은 99퍼센트, 2학년은 20퍼센트가 나온다.)

학교에 정말 다양한 강의가 있다는 것도 좋았다. 해당 학과 학생이 아니더라도 교수님께 따로 메일을 드려서 부탁하면 강의를 듣도록 허락해주신다. 나도 그렇게 들은 과목이 있는데 바로 유기화학과 물리화학이다.

유기화학은 정말 관심이 있어서 들었는데, 사실 물리화학은 어떤 과목인지 잘 몰랐다. 그래서 처음엔 이해가 안 되었지만 공부하면서 점점 재미를 느꼈다. 물리화학 교수님은 학생들에게 궁금한 점이 있으면 오피스 아워엔 언제든 찾아와도 된다고 하셨다. 그래서 나도 시간 약속을 하고 찾아뵈었다.

약속 시간에 사무실을 방문하고 놀랐다. 보통 교수님 사무실은 의자와 책상이 있는데, 중앙에 좌식 테이블이 놓여 있었던 것이다. 그 테이블에 교수님과 마주 앉아 녹차를 마시면서 궁금한 것을 여쭤보았다. 교수님은 예과 때는 다들 공부를 안 한다던데 열심히 하는 모습이 대견하다며 인자하게 웃으셨다. 그 말씀에는 약간 양심이 찔렸다.

나도 예과 땐 열심히 하지 않았다. 의예과 학생들은 소위 '출튀'를 많이 한다. 교양 과목인 생명의료윤리를 들을 땐 나도 그랬다. 몰래 빠져나가려면 최대한 문에서 가까운 곳에 앉아야 한다. 그리고 교수님이 수업하시는 틈을 타서 몰래 나오는데 누군가 나와 거의 동시에 나왔다. 같은 과잠을 입은 의예과 학생이었다. 그땐 서로 이름도 몰랐지만 축제 때 친해져서 그 이후론 동지가 되어 한 번 더 출튀를 감행하기도 했다.

또 예과 1학년 2학기 중간고사와 기말고사 사이엔 문제의 게임까지 끼어들었다. 그 탓에 성적이 만점에서 거의 바닥으로 추락했지만 그때 일을 후회하진 않는다. 게임을 통해 얻은 즐거움도 컸기 때문이다. 그래도 한 가지 아쉬운 점은 유기화학 공부를 제대로 하지 못한 것이다. 원래 예과 2학년 1학기까지 선이수 과목을 듣고 마지막 학기에 유기화학의 꽃으로 불리는 '전합성(total synthesis)'에 관한 내용을 접해보고 싶었는데 그러지 못했다.

'수능 만점자'라는 스포트라이트가 꺼진 후 나는 평범한 학생으로 돌아갔다. 입학하고 보니 다들 전교 1등 하던 친구들이고 나 말고도 수능 만점자가 많았다. '참 머리가 좋다' '쟤가 정말 수재다'라는 생각이 드는 친구들, 공부 외 다른 분야에까지 깊이 파고드는 괴짜들도 많았다. 그들 속에서 나는 평범한 축에 들었다. 나는 되찾은 이 평범함이 감사했다.

대학교 입학 후에도 나는 낯가림이 심해서 동기들과 잘 사귀지 못했다. 친하고 편한 사람들과 있으면 괜찮은데, 처음 보는 사람이나 잘 모르는 사람과 있으면 조용한 편이기 때문이다. 어릴 때 친구들과 두루 친하고 나서기도 좋아하는 성격이었는데 아픈 이후로 내향적으로 변하고 수줍음이 많아졌다. 우선 머리카락이 없어서 많이 위축이 되었었던 것 같다. 얼마 전 '감정과 성격의 인지발달론'이란 수업을 들었는데, 그때 들은 프로이트 얘기와 연관 지어 생각해보면 성격이 내향적으로 변한 것은 병 때문일 수도 있었다. 잘 까불고 엄마 표현처럼 '부산스러웠던' 내가 언제부터 조용해졌는지 궁금하다. 어떻게 보면 눈치가 생긴 걸지도 모르겠다. 전에는 아무에게나 친근하게 대했는데 이젠 친한 친구들에게만 그러는 편이다. 그런데 대학에 와서 좋은 친구들을 많이 사귀면서 성격이 다시 좀 밝아졌다. '그래, 이게 원래 나였지' 하는 안도감이 생겼다.

의예과 생물학 강의는 고정 좌석제라 첫날 앉은 좌석에 한 학기 내내 앉는다. 그때 함께 앞자리에 앉게 된 네 명이 있었다. 누나 한 분이 "맨날 같이 수업 듣는데 우리 넷이 밥 한번 먹을까?" 했고 그날 이후로 친해졌다. 우리는 한강에 가서 돗자리를 깔고 앉아 맛있는 것을 먹으며 야경을 즐겼다. 동기들과 어울리면서 재미있는 일들이 참 많았다. 여러 동기와 친해질 수 있었던 학교 축제도 참 즐거웠다.

이런 행복한 시간은 이듬해 코로나로 인해 중단됐다. 수업이 비대면으로 전환되고, 학교에 갈 일도 크게 줄어들었다. 그래도 1년이라도 캠퍼스의 낭만과 대학생의 자유를 누릴 수 있어서 다행이라고 생각한다. 역시 나는 운이 좋은 사람이다.

어느덧 본과생이 되었고 이제 레지던트 끝날 때까지는 전혀 여유가 없을 것이다. 힘들었던 고등학교와 더 힘들 본과 사이에 누렸던 행복했던 예과 2년은 두고두고 좋은 추억으로 남을 것 같다.

좋은 사람,
좋은 의사를 꿈꾸며

수능 만점자 인터뷰를 할 때 나는 아팠던 시절을 떠올리며 혈액종양내과 의사가 되고 싶다고 했다. 지금도 그 꿈이 유효하냐고 묻는다면, 레지던트가 될 때까지 말을 아껴야 할 것 같다. 좋은 의사가 되고 싶은 마음에는 변함없지만 어떤 과의 의사가 될지는 아직 모르겠다. 여러 과를 돌면서 수련을 한 뒤 나에게 가장 잘 맞는 과를 선택하지 않을까.

학교 교수님들이 각 학과에 대해 설명해주시면 그때마다 마음이 흔들린다. 학생들의 가슴을 가장 뛰게 하는 과는 역시 외과다. 고등학교 때 틈틈이 〈태양의 후예〉 재방송을 재미있게 보았다. 내가 의사의 꿈을 가져서 그랬는지 흉부외과 의사인 여주인 공이 위급한 상황에서 활약하는 모습이 그렇게 멋져 보였다.

외과는 생명을 다루는 최전선에 있고, 인간의 가장 중요한 장기를 다룬다는 면에서 드라마와 영화의 단골 소재가 된다. 하지만 높은 업무 강도와 의료 소송 가능성 때문에 의사들이 가장 기피하는 과로 알려져 있다. 나도 그런 줄 알았는데 선배님들 말씀으론 의외로 마니아층이 많아서 성적이 중간 이상은 가야 지원할 수 있다고 한다.

어떤 과 의사가 될지는 모르지만 의사로서의 이상은 명확하다. 나는 환자의 몸과 마음을 함께 치료하는 의사가 되고 싶다. 신념과 정성만으로 환자를 살릴 순 없겠지만, 환자와 보호자에게 치료 방법을 상세하게 설명하고 항상 마음의 안정을 주고 싶다. 소아암이란 단어가 주는 두려움에 압도되고 치료에 지칠 때마다 주치의 선생님은 따뜻한 말로 나를 위로하고 안심시켜 주셨다.

"괜찮아. 잘하고 있어. 나을 수 있어."

그런 말이 얼마나 힘이 되었는지 모른다.

학교 수업 중에 교수님이 이런 말씀을 하셨다.

"여러분이 의사가 되면 매일 아픈 환자들을 만나게 될 겁니다. 이때 단순히 의학적 소견만 말하는 의사가 되어선 안 됩니다. 예를 들어 머리가 아픈 환자는 '머리가 아파요'와 같은 증상만 이야기하지 않습니다. '혹시 큰 병이 아닐지 무섭습니다'라는 말도 함께 하지요. 의사라면 이어지는 말에도 집중해야 합니다. 의사는 환자의 아픈 몸을 돌보는 것뿐 아니라, 환자의 말을 끝까지 귀 기울여 듣고 마음도 함께 어루만져주어야 합니다."

그때 내 주치의 선생님이 떠올랐다. 앞으로 의사가 되어 환자들을 돌보다 보면 분명히 힘든 순간이 있을 것이다. 바쁜 일과에 체력적, 정신적으로 힘들어지면 나도 모르게 차가운 의사가 될 수도 있다. 하지만 그런 순간마다 나에게 친절하셨던 선생님과 그 친절에 용기를 얻었던 어린 날의 나를 떠올릴 것이다.

내가 만난 또 한 분의 훌륭한 의사 선생님은 아기 때부터 다녔던 집 근처 한솔병원 원장님이다. 원장님 덕에 백혈병 진단을 빠르게 받아서 조기에 치료를 받을 수 있었다. 지금도 정말 감사하게 생각하고 있다. 원장님은 환자를 대하는 태도의 교과서 같은 분이다. 대기하는 사람이 많아서 환자의 질문에 일일이 대답해주기 어려운데, 원장님은 시간이 오래 걸리더라도 설명을 해주려고 노력하셨다. 그리고 항상 환자의 말을 경청하셨다. 원장님의 따뜻한 태도에 정말 많은 환자가 위로받았을 것이다.

본과생이 된 후로는 매일같이 고등학교 중간고사나 기말고사

때처럼 공부하고 있다. 예과와 본과의 간극이 크다 보니 학교에선 본과 개강 전 겨울방학 때 그 과정을 미리 체험시켜 준다. 골학과 해부학 OT를 경험하면서 마음을 단단히 먹어서 그런지 아직까진 뒤처지지 않고 따라가고 있다.

돌아보면 고통이란 역설적으로 나를 꿈꾸게 했다. 만약 타임머신이 있다면 처음 백혈병이 발병해서 힘들어하던 나에게로 가서 어깨를 두드려주고 싶다.

"힘들지? 하지만 넌 이겨낼 수 있어. 이 고통은 결국 너를 더 크게 성장시킬 거야."

지금 성적 때문에, 불안한 미래 때문에 힘들다면 나에게 격려의 말을 해주는 건 어떨까. 지치고 힘이 든다면 그만큼 노력했다는 증거다. 슬럼프에 빠진 건 그동안 열심히 달려왔기 때문이다. 성적이 떨어져서 불안을 느낀다면 나에게 목표가 있다는 것이다. 갑자기 다 포기하고 싶어지는 건 그만큼 열정적이었다는 것이다. 이 모든 것은 내가 꿈이 있고 그만큼 공부에 진심이라는 것을 반증한다. 그러니 힘든 길을 걷고 있는 내가 넘어져도 다시 일어날 수 있도록 격려해주어야 한다.

"잘하고 있어. 충분히 할 수 있어. 넌 꿈을 이룰 수 있어."

여러분은 자신이 생각하는 것보다 훨씬 멋지고 강한 존재다.

공부하겠다는 동기와 의지만 있다면 흔들림 없이 혼공을 해낼 수 있을 것이다. 그리고 결국 꿈꾸던 세상에 다다를 것이다.

　모든 결과는 과거라는 이름으로 축적되는 오늘을 통해 만들어진다. 그 과정이 쉽지는 않다. 매일 잘하지 않아도 괜찮다. 중요한 것은 그만두지 않는 것이다. 그렇게 지루하고 힘든 매일매일 자신을 격려하며 나아가다 보면 결국 꿈꿔왔던 미래의 나를 만나게 된다.

에필로그

고통 안에 담겨 있는 메시지

인생은 참 알 수 없다. 만약 내가 아프지 않았더라면 의사가 되려는 생각은 하지 않았을지도 모르고, 또 그렇게 열심히 공부하지 않았을지도 모른다. 운 좋게도 배우는 걸 좋아하는 성향을 타고나긴 했지만 그것을 실제 성과로 연결하는 것은 별개의 문제니 말이다.

그러고 보면 고통 안에는 선물도 함께 담겨 있는 것 같다. 피하고 싶은 고통을 겪으며 나의 꿈에 한 발짝 다가갈 수 있었으니 말이다. 다시 떠올려보면 투병 생활 안에는 나를 성장시킨 메시지가 담겨 있었다.

고통 안에 메시지가 담겨 있다고 생각하면서 공부에 대해서도 조금 다른 생각을 하게 됐다. 초등학교 때까지 나는 오직 재미있어서 공부했다. 행복한 시절이었다고 생각한다. 한자가 예뻐서, 시험공부를 한 대가로 받는 블록이 좋아서, 아무 공부나 하면 붙여주는 스티커로 원하는 걸 살 수 있어서 신이 나서 했다. 그것도 아주 열심히.

그러나 입시를 향해 달려가는 공부는 마냥 즐겁지만은 않다. 동전의 양면처럼 고통도 필연적으로 따라온다. 내가 하고 싶은 공부만 할 수도 없고, 열심히 노력해도 성적이 원하는 만큼 나오지 않아 좌절할 수도 있다. 하지만 이 과정 속에서 무엇이 부족한지, 어떻게 개선해야 할지, 마음가짐을 어떻게 새롭게 해야 할지 등을 배운다.

그래서 중학교 때부터는 공부가 힘들 때 '지금 모르는 걸 배우면서 성장하고 있구나' 생각하게 되었다. 하기 싫고 힘든 순간은 언제나 찾아오지만 그 과정이 나를 성장시킨다고 생각하면 고통을 바라보는 관점이 조금은 달라진다.

사람은 누구나 시련을 겪는다. 몸이 아플 수도 있고, 가정불화로 마음고생을 할 수도 있고, 친구들과 사이가 원만하지 않아 학교생활이 어려울 수도 있다. 이렇게 심각한 문제가 아니더라도 청소년의 삶에는 나름의 힘든 점이 있다. 어른들 눈에는 배부른

투정처럼 보일지라도 말이다.

　고통은 나를 힘들게도 하지만 역설적으로 '그래서 어떻게 살고 싶은데?' 하는 질문을 던지게 한다. 그리고 이 질문은 고통 속에서도 나를 더 나은 사람이 될 수 있도록 돕는다. 고통이 나에게 알려주고 싶은 것이 무엇인지, 그 안에 담긴 메시지가 무엇인지 살펴본다면 그 안에 담긴 선물을 발견하게 될지도 모른다. 내가 그랬듯이 말이다.

스스로
뒤집는
붕어빵

스스로
뒤집는
붕어빵

초판 5쇄 발행 2023년 7월 17일
초판 1쇄 발행 2021년 10월 15일

지은이 김지명
발행인 손은진
개발책임 김문주
개발 김민정 정은경
제작 이성재 장병미
디자인 design BIGWAVE(표지) 이정숙 윤인아(본문)
저자 사진 이종수
발행처 메가스터디(주)
출판등록 제2015-000159호
주소 서울시 서초구 효령로 304 국제전자센터 24층
전화 1661-5431 팩스 02-6984-6999
홈페이지 http://www.megastudybooks.com
출간제안/원고투고 writer@megastudy.net

ISBN 979-11-297-0761-1 13370

메가스터디BOOKS

'메가스터디북스'는 메가스터디㈜의 출판 전문 브랜드입니다.
유아/초등 학습서, 중고등 수능/내신 참고서는 물론, 지식, 교양, 인문 분야에서 다양한 도서를 출간하고 있습니다.